潘氏重訂清代陞官圖

中華非物質文化遺產叢書・遊戲類・骰圖系列

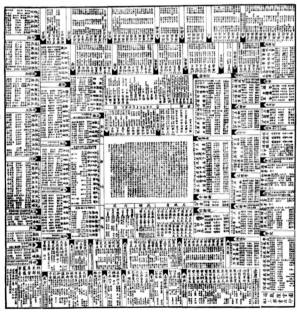

潘國森　著

書名: 潘氏重訂清代陞官圖
作者: 潘國森
系列: 中華非物質文化遺產叢書. 遊戲系列. 骰圖類

出版: 心一堂有限公司
地址: 香港九龍旺角西洋菜街南街5號好望角大廈1003室
電話號碼: (852) 6715-0840
傳真號碼: (852) 2214-8777
網址: www.sunyata.cc
電郵: sunyatabook@gmail.com
網上書店: http://book.sunyata.cc

香港及海外發行: 香港聯合書刊物流有限公司
香港新界大埔汀麗路36號中華商務印刷大廈3樓
電話號碼: (852)2150-2100
傳真號碼: (852)2407-3062
電郵: info@suplogistics.com.hk

台灣發行: 秀威資訊科技股份有限公司
地址: 台灣台北市內湖區瑞光路七十六巷六十五號一樓
電話號碼: (886)2796-3638
傳真號碼: (886)2796-1377
秀威網絡書店(台灣地區): http://www.bodbooks.com.tw/

中國大陸發行·零售 心一堂
深圳店地址: 中國深圳羅湖立新路六號東門博雅負一層零零八號
深圳店電話: (86)0755-82224934
北京店地址: 中國北京東城區雍和宮大街四十號
心一堂官方淘寶店: http://shop35178535.taobao.com/

版次: 二零一七年一月

平裝

定價:
港幣　　　　一百三十八元
人民幣　　　一百三十八元
新台幣　　　五百八十元

國際書號　ISBN 978-988-8317-35-6

讀者諸君，如對《陞官圖》的玩法有任何疑問，可以向作者潘國森老師查詢，所有問題請發電郵到sunyata.hkstore@gmail.com或郵寄到心一堂亦可。

　　此外，本中心將會定期舉辦陞官圖遊戲聚會（暫時只限香港地區），並邀請潘老師親自指導講解，讀者如有興趣，請將聯絡辦法電郵至本中心存檔，以便日後通知話動詳情。

心一堂文化服務中心啟

二零一六年二月

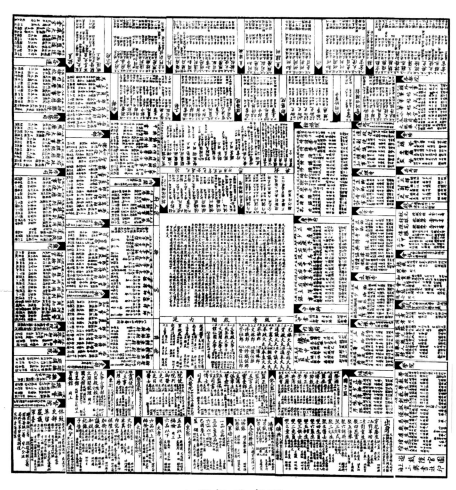

三興版陞官圖

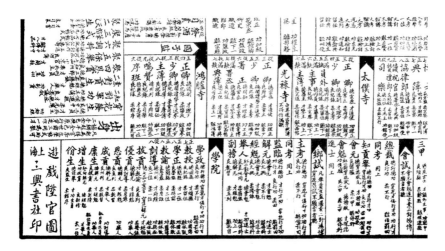

三興版《陞官圖》一角

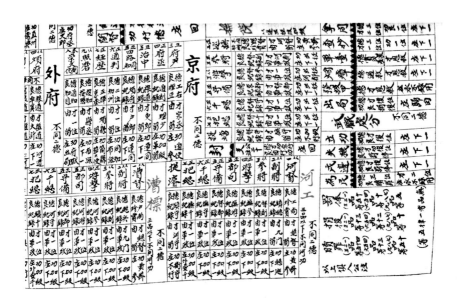

老古版《六骰陞官圖》一角，備有武官

道光版《陛官圖》正中

吏部堂官

欽定吏部則例

一街

経筵講官文淵閣大學士兼管吏部事務臣阿桂

経筵講官文淵閣大學士兼管吏部事務臣程景伊

経筵講官協辦大學士吏部尚書臣永貴

経筵講官文華殿大學士兼吏部尚書仍管園子監事務臣蔡新

経筵講官議政大臣東閣大學士兼吏部尚書内大臣誠毅伯臣伍彌泰

臣和珅

臣德保

経筵講官吏部尚書署兵部尚書臣劉墉

吏部左侍郎今授兵部尚書兼正白旗滿洲副都統臣慶桂

経筵講官署吏部左侍郎今授都察院左都御史臣嵇璜

署吏部左侍郎今授兵部尚書臣王杰

経筵講官吏部左侍郎臣謝墉

経筵講官署吏部左侍郎戸部左侍郎臣董誥

吏部右侍郎今補翰林院侍讀學士兼佐領臣阿肅

署吏部右侍郎戸部右侍郎臣諾穆親

吏部右侍郎

吏部右侍郎臣宗室玉鼎柱

《欽定吏部則例》部分官員職稱（見頁110-111）

欽定吏部則例《卷二》　銓選漢官品級考　五

士　侍講學士　國子監祭酒任　以上
門無人
方以　左右春坊庶子　翰林院侍讀
陞　侍講任
各省侍郎　各省巡撫
從二品
翰林院掌院學士　開列具題　兼
由詹事府詹事　少詹事　禮部侍郎銜
翰林院侍讀學
士　侍講學士　國子監祭酒　陞　各銜
門無人　以上
方以　左右春坊庶子　翰林院侍讀
侍講　陞　各
各部侍郎　各省巡撫
從二品
各省布政使　開列具題
由各省按察使任　陞
太常寺卿　光祿寺卿　太僕寺卿　各
省巡撫
正三品
都察院左副都御史　開列具題

《欽定吏部則例》布政使升遷（見頁3）

欽定吏部則例《卷二》　銓選漢官品級考　三

順天府府丞　奉天府府丞　內閣侍讀
正五品
學士　各省道員
六部郎中
由六部員外郎　內閣侍讀任　陞
內閣侍讀學士　各省知府
考　選各道監察御史
正五品
順天府治中　奉天府治中
由正一品官廕生　除　京府通判　知州
鹽運司運副　鹽課司提舉任　陞
六部員外郎　各省知府　鹽運司運同
正五品
欽天監監正　由禮部咨　送題補
由本監監副任　陞
正五品
加京官銜仍管欽天監事務
正五品
太醫院院使　由禮部咨　送題補

《欽定吏部則例》欽天監監正加京官銜（見彩圖未）

二人漢軍二人〇鑄印局員外郎漢一人大
使漢一人未入流筆帖式滿一人〇會同四
譯館郎中兼鴻臚寺少卿銜一人由本部郎
大使漢一人正九品序班漢二人從九品朝
鮮通事十有二人六品六人七品二人八品
二人〇馬館監
督二人由禮部理藩院
樂部各部院尚書侍郎知樂者兼管所屬和聲
署署正滿漢各一人署丞滿漢各一人供用

欽定四庫全書

六一

欽定大清會典 卷三十

官三十人 均以禮部內務府太常寺鴻臚寺司官賢禮郎筆帖式兼理

兵部屬司四郎中滿十有二人蒙古一人漢五
人員外郎滿十人蒙古三人漢三人主事滿
四人蒙古一人漢五人堂主事滿四人漢軍
一人司務滿漢各一人筆帖式滿六十二人
蒙古八人漢軍八人〇馬館監督一人由部司
官內奏委
刑部屬司十有八郎中滿十有七人蒙古一人

《欽定大清會典》禮部會同四譯館
據此刪去「三興版」的「館卿」

青或壯或健勤職者為第二等守謹而才政平
或才長政勤而守平年青及壯健供職者為第
三等皆照舊供職八法官貪酷者革職提問罷
軟無為不謹者革職年老有疾者勒令休致浮
躁者降三級調用才力不及降二級調用加級
紀錄均不准抵數罷軟集聽察各官於部以次
過堂會大學士都察院堂官吏科給事中京察
道監察御史公同閱看別其去畱繕冊具題
命下後榜示以昭勸懲〇凡出征公差丁憂告病養
親給假候補降調未補者均由該衙門注考升
轉降調及旗員改授部院官到任半年者從新
任考覈未及半年者從原任考覈〇一等官除
內閣侍讀學士翰詹開坊各官不引
見不優敍其餘各官由部引
見淮一等者加一級過保薦時該堂官即於一等人
員內選取閱俸未滿三年及離任已逾半年者

欽定四庫全書

二

欽定大清會典 卷六

《欽定大清會典》八法及革職（見頁92）

《欽定四庫全書》

欽定大清會典卷七

吏部

驗封清吏司

世爵

國初開創功臣策勳錫爵爰及苗裔與河山共永

矣

定鼎以來凡忠誠宣力懋建軍功膺受封爵者或

世襲罔替或承襲數世咸差等功次載在勳常

若夫外戚之封以推

恩澤衍聖公延恩侯以奉丞嘗酬庸展恩崇德象賢

典並隆焉

凡世爵之等有九曰公曰侯曰伯曰子曰男曰

輕車都尉曰騎都尉曰雲騎尉曰恩騎尉自公

至輕車都尉又各有三等

凡授爵自雲騎尉始如雲騎尉加一雲騎尉則

《欽定大清會典》公侯等爵位
（見為圖丑「封典」、「出身」及頁51）

各府儒學教授

臣等謹案舊有各府推官康熙六年裁行人司司正乾隆十三年裁上林苑監丞三十七年裁

從七品

翰林院檢討

內閣撰文辦事中書舍人

中書科中書舍人 滿洲初係四品 後改為從七品

國子監助教

國子監博士

詹事府主簿

光祿寺典簿

光祿寺各署署丞 初係六品今定為從七品

鑾儀衛經歷

順天府經歷

奉天府經歷

京府儒學漢訓導

《欽定皇朝文獻通考》部分官職品級

欽定四庫全書　皇朝通典　卷三十三　六

督以詔廢置三年大比獻賢能之書則監臨之其
武科則主考試直隸初設順天巡撫正保巡撫宣
府巡撫後併定為直隸巡撫以總督兼管江南初
設廬鳳巡撫後改巡撫江西初
撫湖北初設鄖陽巡撫後俱省湖南初設偏沅巡
撫後改湖南巡撫陝西初設延綏巡撫寧夏巡撫
後俱省凡巡撫例兼都察院右副都御史銜其應
否兼兵部侍郎銜由吏部請

旨定奪

漕運各官　總督漕運
　　　　　巡視漕務
　　　　　程道管糧
下官領運　同知通判
守備千總　押運通判
　　　　　漕標副將以

總督漕運一人掌理漕輓以足國儲凡牧糧起
運過淮抵通省以時稽察催儹而總其政令　與劉淮安
康熙二十一年定制糧艘過淮後總漕隨運北上
率所屬官弁相視運道險易調度全漕察不用命
者俾舳艫相接畢度天津八

《欽定皇朝通典》漕運各官（見頁2〈序〉）

欽定四庫全書　皇朝通志七十一

職官署
官階
本朝增定官制凡文職十八階旗員武職九階漢人
武職十三階凡恭遇
覃恩均給封贈而無散官之名今依會典所載文武官
階分斷如右

文官階

正一品光祿大夫從一品榮祿大夫正二品資政
大夫從二品通奉大夫正三品通議大夫從三品
中議大夫正四品中憲大夫從四品朝議大夫正
五品奉政大夫從五品奉直大夫正六品承德郎正
從六品儒林郎正七品文林郎從七品徵仕郎正
八品修職郎從八品修職佐郎正九品登仕郎從
九品登仕佐郎

《欽定皇朝通志》文官階（見彩圖子「品級考」）

目錄

表列

自 序

　　筆者在上世紀七十年代末開始接觸《陞官圖》，那是在香港能夠輕易購得、民國時代上海三興書社刊行石印本的翻印版，題為《遊戲陞官圖》，世稱「三興版」《陞官圖》，只涉及文官體系，武官從缺。遊戲辦法是用四顆骰子，決定各玩家在清代官場由出仕、陞官、發財到退休的模擬遊戲。

　　那一年筆者在唸中學五年級，那個年頭香港的主流學制是跟隨英式學制的「三二二三制」，三年初中，兩年高中，兩年大學預科，三年大學本科。跟現在的「三三四制」（三年初中，三年高中，四年大學本科）同樣以十年時間完成中學和大學本科。當年身邊的親朋戚友對這個《遊戲陞官圖》都沒有興趣，即使有人願意奉陪，他們都不甚理解遊戲的內容，變成筆者一個人指揮其他人怎樣按圖索驥。後來，通常是筆者自己跟自己玩，一個人化身十多個玩家，自行控制所有十多個玩家在虛擬的清代官場中，尋求陞官發財的運氣。

　　後來，從前輩處得知《陞官圖》是舊日（由清中葉至民國初年）讀書人家任由年青子弟在春節玩的遊戲，因可以用來賭博，一般只在新春休假期間開賭禁。舊社會要加入政府，讀書求功名是最佳途徑，可是即使得入官場，能夠高陞到中央政府或地方高職的幸運兒永遠都是極少數，玩《陞官圖》除了可以讓人人都能發一發陞官夢之外，還可以乘機學習清代的官制。當然，學習清代官制的實際作用，到了清末民初已經越來越不重要了。

　　筆者自那時起斷斷續續地研究《陞官圖》、學習清代官制，演變成一項超逾三十年的學習活動。最初不放過任何認識清代官制的機會，遇上大專或大學預科程度的中國歷史教科書，都不放過細讀介紹清代官制的章節。升上大學之後，得以接觸圖書館內大量藏書，開始翻《清史稿・職官志》（後來還看了《選舉志》、《兵志》、《地理志》等），《陞官圖》上面許多官名、衙門名都一一找到，感覺是終於找到「老朋友」的那份喜悅，此後了解漸多。然後又翻閱《清朝三通》（即《欽定皇朝通典》、《欽定皇朝通志》和《欽定皇朝文獻通考》，分別又稱為《清朝通典》、《清朝通志》和《清朝文獻通考》）。有一年，買了台灣老古出版社刊行的《清代陞官圖》，這個版本使用六顆了骰子（比「三興版」多用兩顆），文官武官都包羅在內。

　　參考史籍，確有實用。「三興版」《陞官圖》的「河院」一欄，「河督」之下有不少地方官作為僚屬，都是「同知」、「通判」、「州同」、「縣丞」之類府、州、縣的官員，這在筆者能夠找到的入門教科書都無記載（實情是許多連「河督」也沒有提及）。後來在《清通典》找到相關資料！原來「漕運總督」和「河道總督」之下，都還有「管漕」和「管河」的地方文官和綠營武官。只是「三興版」《陞官圖》只加入了「河督」的屬官，而省略了「漕督」的屬官。

　　然後又見到《清代六部文案手摺》，這書幫助筆者對於「三興版」《陞官圖》經常遇到的「加級」和「紀錄」兩項制度的運作有更深的認識。

最重要的參考資料是《欽定吏部則例》（乾隆四十八年版），「三興版」《陞官圖》的設計顯然以這部官方刊物為藍本。這部《則例》亦明文規定「太醫院院使」和「欽天監監正」品級在「正五品」而可以加銜而仍管原來職務，這即是《陞官圖》設計這兩個官職只能升至「正二品」而不得封爵的根據。

有了《陞官圖》設計的真憑實據，筆者決定將「三興版」《陞官圖》中「外員內調」（涉及「巡撫」、「布政使」和「按察使」三個省級地方高官降級調任中央官的安排）一欄刪去。原來，按《欽定吏部則例》的記載，地方官之中「按察使」（正三品）改任中央的「通使副司」（正四品）或「太常寺少卿」（正四品）竟然算是「陞官」，而實際品級卻是降了兩級！又如「布政使」（從二品）改任中央的「太常寺卿」（正三品），也是降了一級而仍當作「陞官」。

前幾年又有比「三興版」《陞官圖》更早的「道光版」《陞官圖》「重出江湖」，「道光版」用的是木刻印刷，比較兩版的內容，可以確定「道光版」顯然是「三興版」的前身。「道光版」沒有「外員內調」的欄目。那麼「外員內調」的安排，應該是由「道光版」過渡到「三興版」時，有不了解設計原意的人，擅自改動的結果。

此外，還參考了虛白廬藏的一批珍本陞官圖，主要是單骰版的系統，遊戲機制比較簡單，既有全文官版，也有全武官版。當中還有題為「石印書局」出版的四骰版，那是介乎「道光版」和「三興版」之間的一個過渡。

還要多謝余仲樂先生和馮立榮先生兩位，因為互聯網的普及，能

夠認識兩位一直熱衷於《陞官圖》遊戲的同好，終於首次可以跟對《陞官圖》真正著迷的朋友一起進入虛擬的清代陞官發財世界。從他們兩位處更多了解《陞官圖》遊戲實際進行的不少有趣慣例。閒談間，說及按清代官制實況去修正「三興版」《陞官圖》，兩位特別提到應該突出「軍機處」的角式。

原來過去已有不少有心人按照三興版《陞官圖》的設計將內容加得更加豐富，可惜這些前輩的設計都沒有真正參照清代的制度和官場實況。筆者研究《陞官圖》多年，決定大刀闊斧的修改，制定本版《陞官圖》，題為《潘氏重訂清代陞官圖》，用意是如有任何錯漏，都由潘國森一人文責自付。

這次修訂「三興版」《陞官圖》，基本的原則是以清高宗乾隆朝中葉以後，到乾隆末年的定制為標準，再參考「三興版」《陞官圖》及其前身「道光版」《陞官圖》。凡有官職名和品級出錯的都予改正。至於遊戲設計上，不算嚴重大錯的則一仍其舊。

筆者深信本版《陞官圖》可以作為中國歷史科教與學的輔助遊戲，熱切建議大學、中學各級學校的教師、學生，以至中國歷史愛好者、研究者從遊戲中學習與研究，定必能「寓學習於娛樂，寓娛樂於學習」。

是為序。

後學南海潘國森謹識

西元二零一五年歲在乙未冬至後五日

《道光版陞官圖序》

粵①稽②唐虞③建官惟百，而有三考④黜陟⑤之條；周官⑥三百六十，而有六計弊吏⑦之典。我國家陳綱立紀，官制秩然，是誠萬古不易之經，有志之士所當攷核也。今遵《會典》⑧，制為品級⑨，全圖備滿員漢員⑩之制，別正途異途⑪之分，非遊戲也。誠使稽官階，識資格，展圖了然，不良有裨益乎？至于知己偶來，晴窗閒暇，出是圖以遣逸興，亦足繼雅歌⑫投壺⑬之韻事耳。惟限于邊幅⑭武職不及備錄。若官名間有遺漏，遷轉⑮容有未週，所望大雅君子⑯起而訂正之，實為厚幸也夫。是為序。

道光庚子⑰孟冬⑱朔⑲翻刊

---

①粵。語助詞，無意義。

②稽。考證。

③唐虞。帝堯陶唐氏、帝舜有虞氏的合稱。堯舜是中國歷史傳說中的上古賢君。

④三考。古代官吏考核制度，以三次考績決定升降。出自《書·堯典》：「三載考績，三考，黜陟幽明。」

⑤黜陟。黜降是罷職，陟是升職。

⑥周官。儒家典籍《周禮》的本名，分為《天官》、《地官》、《春官》、《夏官》、《秋官》、《冬官》六篇。《冬官》早已散佚，漢人補入《考工記》。隋唐的官制中有六部，即以《周禮》為藍本，清代的六部是吏、戶、禮、兵、刑、工。周官在此指儒家認為周代實行的官制。

⑦六計弊吏。典出《周禮·天官冢宰》：「以聽官府之六計，弊群吏之治：一曰廉善，二曰廉能，三曰廉敬，四曰廉正，五曰廉法，六曰廉辨。」

⑧會典。指《大清會典》，簡稱《清會典》，共有五部，分別在康熙、雍正、乾隆、嘉慶、光緒五朝編修。按《陞官圖》的創製年代，相信是乾隆二十九年（1764）完成的版本，也不能排除是嘉慶二十三年（1818）完成的版本。

⑨品級。源自三國時魏國的九品中正制，後世官吏以品級分高低，一品最高，九品最低。到了清代，文武官員分為九品，每品再分正從。正一品最高，從一品次之，餘此類推，從九品最低。正一品以上是超品。從九品以下叫未入流。

⑩滿員漢員。清代官制，有許多官職限定必須滿洲人出任，稱為滿缺。例如明代的吏部只設一位尚書，清代則規定有一名滿尚書、一名漢尚書。又如理藩院的尚書、侍郎必須滿員擔任。

⑪正途異途。文官有功名的讀書人為正途，否則為異途。進士、舉人、生員都算正途。

⑫雅歌。高雅的詩歌，指文士聚會時創作或吟詠詩歌。

⑬投壺。古代宴會時的娛樂，主客以箭或竹竿依次投入壺，以投中次數多寡定勝負，勝方斟酒予負方罰飲。

⑭邊幅。本指布帛邊緣的寬窄，這裡指《陞官圖》面積不夠備錄武職。一作「篇幅」。

⑮遷轉。指改換官職。一般用法遷可升可降，如超遷是越級跳升，次遷是降級。轉則是平行調職，不升也不降。

⑯大雅君子。指才德高尚的人。

⑰道光庚子。清宣宗道光二十年（1840）。

⑱孟冬。本指立冬以後到大雪以前的時段，亦借指夏曆十月。

⑲朔。中國夏曆每個月的初一。

《道光版陞官圖序》語譯

　　根據學者考證，堯舜時代設置官員大約百數，而有三考決定升降的條款；周代官員增至三百六十，而有用六計審辨吏治的典章。我大清開國後設立綱紀，官員制度秩序井然，實在是萬古不易的經典，有志的學子應當考核瞭解。現在吾人遵照《會典》，製定品級，使本圖具備滿員漢員的不同制度，分別正途異途的差異，不純粹是遊戲而已。倘若能夠考證官員階級，認識出仕的資格，展示本圖而一目了然，可不是對觀者大有裨益嗎？至於知己良朋偶然來訪，閒暇之時用此陞官圖遣興作樂，亦足以繼承雅歌、投壺等風雅韻事。可是為了篇幅所限，未能將武職記錄。至於官名間中有所遺漏，升職轉職不夠周詳，寄望大雅君子代為修訂校正，實為幸事。是為序。

　　　　　　　　　　　　　　道光二十年歲次庚子十月初一重印

第一章 《陞官圖》玩法簡介

第一節 前言

本版《陞官圖》使用四顆骰子，只涉及清初文官體系，缺少了武職。

設計方面以民國時代上海三興書局刊行的「三興版」為底本，再參考新發現的「道光版」，並大體按清代乾隆中葉以後的實況修訂。

「三興版」《陞官圖》用石印技術印刷，香港地區流傳的版本大小約為450mm見方。「道光版」《陞官圖》則用木刻印刷。「三興版」《陞官圖》原件面積較大，重新製造和存放很不方便。如果使用時經常重覆打開後再摺疊，很容易造成損壞。因此，本修訂版採用化整為零的辦法，重新編排，製成每張約為長約230mm，寬約160mm的圖板，與書的大小尺碼配合，共為十一張。玩時因應桌面實況拼合，更加靈活。預計將來會再出一張《加強版》，加入更多有趣的元素，並湊成十二張圖。

《陞官圖》以「圖」為名，現有設計其實是在一張正方形的大紙，紙上畫出大大小小的長方形格子，密密麻麻的寫滿了字。圖紙正中央是遊戲玩法的簡介和製作者寫的序言。其他每個格子代表一個「衙門」或與遊戲有關的同類事項，如「差事」、「考核」、「論功行賞」或「處分」。玩這個遊戲時，所有玩家圍坐在方桌的四方，因此圖中文字有四個方向，以方便不同坐向的玩家都能輕易閱讀一部分內容。

7

第二節　準備

除本版《陞官圖》多張圖板之外，另外準備以下用具：

（一）骰子四顆，用作決定每位玩家的出仕和陞官降職。

（二）大碗一隻，底部略平，用作擲骰用。骰子擲入碗中，比擲在桌上方便。如擲在桌上，骰子滾動時可能撞到玩家的「名牌」，又或者擲出桌面的範圍而跌在地上，造成混亂。

（三）籌碼若干，用作計算勝負。如果沒有籌碼，可以另外用紙筆紀錄每位玩家的收支情況。

（四）每個玩家配備有兩個名牌，大小以長不過4cm、寬不過1cm為適合。名牌可用木片、膠片、竹片等自製小配件，方便寫上姓名記號或貼上小貼紙，以資識別。或用日常用品，如牙籤（現時有些宴會用的牙籤常繫上不同顏色的彩紙）、曲別針（文具，香港人稱為「萬字夾」）、小飾物等等。其中一個名牌隨官職升降，放在衙門的相應欄位，代表玩家現時的官職。凡遇上「差事」、「軍功」、「考績」、「處分」之類，用另一個名牌放在相應欄位，以資識別。先完成遊戲的玩家（從官職上榮休），收回兩張名牌，將其中一個名牌押放在「品級考」（圖一，子；第一列），待局終後再計算品級差異。

（五）另備紙筆，紀錄各玩家出身（如「滿員」、「漢員」、「進士」、「舉人」等等）。

第三節 本版《陞官圖》十一圖基本設計

現時共分為十一張圖，每張圖大小約為160mm x 230mm，分為三列。內容列表如下：

圖號	地支	第一列	第二列	第三列
一	子	品級考	原序	陞官圖玩法簡釋
二	丑	殿試、會試	鄉試、曠典、各館謄錄	出身（一）
三	寅	封典、出身（二）	特恩	宗人府、詹事府
四	卯	軍機處、欽差、殿閣、中書科	內閣、內廷、經筵	翰林院、大索
五	辰	吏部、京察	戶部、鑾儀衛	禮部
六	巳	各部院、兵部	刑部、軍功	工部、理藩院
七	午	都察院、通政使司	大理寺、太常寺	太僕寺、光祿寺
八	未	鴻臚寺、內務府	欽天監、太醫院	國子監
九	申	督院、河院、漕院	撫院、布政使司、按察使司	都轉鹽運使司、各道
十	酉	京府、學院	府、直隸州	直隸廳、州
十一	戌	縣	大計（含加級、紀錄）	處分

表一：本版《陞官圖》圖板

本書以後章節，在介紹任何衙門、職位都會引用圖號和行列，以便讀者能夠很快找到相關內容。初學者亦應先讀〈陞官圖玩法簡釋〉（圖一，子；第三列）。

第四節　中央衙門簡稱

清代中央政府的文職衙門有不同的名目，大體沿用明制。

本版《陞官圖》有涉及的中央衙門包括：

◇「閣」有內閣，殿閣。「內閣」是一個實際部門；「殿閣」則是「三殿三閣」的簡稱。

◇「部」有吏、戶、禮、兵、刑、工六部。部的長官是「尚書」，次官是「侍郎」。

◇「院」有都察院、理藩院、翰林院、太醫院。當中理藩院的長官名稱與六部同。

◇「司」有通政使司，簡稱「通政司」。

◇「寺」有大理寺、太常寺、太僕寺、光祿寺、鴻臚寺等五寺。寺的長官是卿（「三興版」作「正卿」，現更正），次官是「少卿」。

◇「府」有宗人府、詹事府、內務府。

◇「監」有國子監、欽天監。

《陞官圖》通常衙門的第一字作簡稱，如「宗」即「宗人府」。例外包括：

◇「內閣」簡稱「閣」。

◇「理藩院」簡稱「藩」。

◇「大理寺」簡稱「理」。

◇「太常寺」簡稱「常」。

◇「太僕寺」簡稱「僕」。

「太醫院」和「欽天監」則不必用簡稱。因為涉及這個兩個衙門的玩法非常簡單，較少跟其他部門扯上關係。

本版《陞官圖》不包括上駟院、武備院和奉宸苑，這三個衙門由內務府管轄。

部門名稱	簡稱	部門名稱	簡稱	部門名稱	簡稱
內閣	閣	宗人府	宗	都察院	都
吏部	吏	內務府	內	通政使司	通
戶部	戶	翰林院	翰	大理寺	理
禮部	禮	詹事府	詹	太常寺	常
兵部	兵	國子監	國	太僕寺	僕
刑部	刑	中書科	中	光祿寺	光
工部	工	內廷	廷	鴻臚寺	鴻
理藩院	藩	各部院	部	鑾儀衛	鑾

表二：本版《陞官圖》常用簡稱

第五節　地方衙門簡稱

清代地方政制分為五級。

◇第一級是「省級」，包括「總督」、「巡撫」，簡稱「督」、「撫」。「河道總督」簡稱「河督」，「漕運總督」簡稱「漕督」，與總督同級。大部分「巡撫」有「總督」作為上司，但「河南巡撫」、「山東巡撫」、「山西巡撫」都沒有上司。此外，「提督學政」（簡稱「學政」）與督撫平行。在本版分別是「督院」、「河院」、「漕院」、「撫院」和「學院」。

◇第二級是「司級」。包括「布政使司」和「按察使司」。「鹽運使司」亦屬此級，但只在沿海及四川產鹽區才設置。《陞官圖》上分別簡稱「布」、「按」、「鹽」，長官分別是「布政使」、「按察使」和「鹽運使」（三者都是簡稱）。

◇第三級是「道級」。隸屬「布政使司」的叫「分守道」；隸屬「按察使司」的叫「分巡道」。此外亦有不領府州的道，如「督糧道」、「鹽法道」、「河工道」、「兵備道」（本版省去「兵備道」）等。

◇第四級是「府級」。府隸屬於道，領州、廳、縣。「直隸州」（簡稱「直州」）、「直隸廳」（簡稱「直」或「直廳」）與府同級，可以領縣。

◇第五級是「州縣級」。州（散州）、散廳（本版亦刪去「散廳」）、縣都隸屬於府。

第六節　官職簡稱

　　在「三興版」《陞官圖》上的部分官名只有兩字。本版一般加一字代表所屬衙門。如：

　　◇「侍講」是「翰林院」的「侍講」。本版作「翰侍講」。

　　◇「運同」是「鹽院」的「運同」。本版作「鹽運同」。

　　亦有官名多於兩字，用兩字簡稱。如：

　　◇「協辦」是「內閣」的「協辦大學士」。本版作「閣協辦」。

　　◇「御史」是「都察院」的「監察御史」。本版仍作「御史」。

　　有些官名會在不同衙門出現，一般用兩字簡稱，前一字代表衙門，後一字代表官名。如：

　　◇「吏主」是「吏部」的「主事」；「戶主」是「戶部」的「主事」。

　　◇「布照」是「布政司」的「照磨」；「府照」是「外府」的「照磨」。

　　亦有官名雖無混淆，亦前一字代表衙門，後一字代表官名。如：

　　◇「理評」是「大理寺」的「評事」。

　　◇「通參」是「通政司」的「參議」。

　　◇「都都」是「都察院」的「都事」。

　　亦有用三字。如：

　　◇「閣讀學」是「內閣」的「侍讀學士」。

　　◇「直州同」是「直隸州」的「州同」。

以下許多官名的第一字都解作「掌管、主持」：

◇「司」，如司庫、司晨、司書等。

◇「典」，如典簿、典籍。

◇「知」，如知事，以及地方知府、知州、知縣。

◇「主」，如主事、主簿等。

◇「尚」，如尚書。

至於詳情，在介紹衙門時再討論。

第七節　欄面分類

現再介紹各欄目不過顏色的意義：

（一）紅色

為京官衙門，即是中央政府的不同部門。京官中，凡官名欄用藍底黑字的，都是「滿缺」，即是只允許滿洲人（或稱「旗人」）擔任的職位，漢人不得擔任。如「理藩院」（圖六，巳；第三列）各官職。

如「吏部」（圖五，辰；第一列）、「戶部」（圖五，辰；第二列）和「禮部」（圖五，辰；第三列）等，都是京官衙門。各部門名稱上有紅色。

（二）綠色

為外官衙門，即是地方官體系。

如「府」（圖十，酉；第二列），「州」（圖十，酉；第三列）和「縣」（圖十一，戌；第一列）等。各部門名稱上有綠色。

（三）藍色

為差事、考核等等。

如「督巡」（圖九，申；第一列「督院」內），是「總督巡捕」的簡稱，凡官員在所任官職的欄內擲得「督巡」，即將第二張名牌放在「督院」下的「巡捕」欄，這個「巡捕」欄用藍色字，下一擲先按這一欄內容決定走向。

（四）棕色

為「處分」（圖十一，戌；第三列）。

（五）紅底黑字

是「科舉」（圖二，丑；第一列、第二列）、「封爵」（圖三，寅；第一列）和「特恩」（圖三，寅；第二列）。

第八節　官職資料簡介

再介紹每一個官職欄的內容。通常每一欄都分為三部分：

（一）官品，如為「差事」或該身份未有品級都留空。基本「品級」由一品至九品，每品之中又再分「正」和「從」（「從」在此廣

15

府話讀如「仲」，不讀如「蟲」），正比從高。如「正一品」比「從一品」高一級，「從一品」又比「正二品」高一級。餘此類推。「正一品」以上為「超品」，為方便遊戲進行，本版《陞官圖》在「超品」之上，再加「王品」。「從九品」之下是「未入流」，簡稱「未入」。

（二）官名，或「差事」、「考核」等名稱。

（三）走法。一般有「德」、「才」、「功」、「良」、「柔」、「贓」六項。特殊走法都另外註明。

例一：「光卿」（圖七，午；第三列「光祿寺」內的「卿」，「從三品」）。

「官品」是「從三品」。

「官名」是「卿」，全名是「光祿寺卿」。

「德」，升為「宗丞」（圖三，寅；「宗人府」內的「府丞」）。「宗」是「宗人府」，「丞」是「府丞」。

「才」，升為「通使」（圖七，午；第一列「通政使司」內的「通政使」）。

「功」，升為「理卿」（圖七，午；第二列「大理寺」內的「卿」）。

「良」，升為「京府尹」（圖十，酉；第一列「京府」內的「尹」）。

「柔」，升為「常卿」（圖七，午；第二列「太常寺」內的「卿」）。

「贓」，降為「常少」（圖七，午；第二列「太常寺」內的「少卿」）。

例二：「運同」（圖九，申；第三列「都轉鹽運使司」，「從四品」）。

「德」，升為「繁府」（圖十，酉；第二列「府」內的「繁府知府」）。

「才」，升為「簡府」（圖十，酉；第二列「府」內的「簡府知府」）。

「功」，「加級」（圖十一，戌；第二列「大計」）。「加級」是官員工作有好的表現之後獲得記功，另外一個同類的名稱是「紀錄」。「加級」和「紀錄」在《陞官圖》中經常出現，凡遇「加級」、「紀錄」，原官職上的名牌不動，第二張名牌放在「加級」或「紀錄」欄。

「良」，「紀錄」（圖十一，戌；第二列「大計」）。

「柔」，「留任」，即是這一步不升也不降，也沒有任何差事、記功等等。「留任」的作用與「不行」相同。

「贓」，「革留」（圖十一，戌；第三列「處分」）。第二張名牌放「革留」，下一擲先執行「革留」，現官職暫不理會。

例三：「加級」（圖十一，戌；第二列「大計」）。「加級」是一種記功的制度，放第二張名牌，本擲後在原官執行「加級」的內

17

容，擲後收回這第二張名牌。

「德」，行「德才」。即是在原官職上行「一德一才」

「才」，行「德功」。原官職行「一德一功」

「功」，行「德」。原官職行「德」。

「良」、「柔」，行「才」。原官職行「才」。

「贓」，「回」。回到原官，即是這次「加級」作廢。

例四：「交部」（圖十一，戊；第三列「處分」）。「交部」是待罪之身，放第二張名牌，下一擲先執行「交部」的內容，原官職暫時置之不理。

「德」，「復任」。回復原職，玩家收回在「交部」的第二張名牌，下一擲按原官職走。

「才」，「一位」。在本欄內升一位，即是由「交部」改為「革留」。

「功」、「良」，「贖罪復任，不願者聽」。「贖罪」是三倍「罰俸」，「贖罪」後官復原職。但玩家可以選擇不「贖罪」，這一擲便作廢，下一擲仍在「交部」上走。

「柔」，「不行」。即是這一擲沒有作用，不必理會。

「贓」，「下一」。即是由「交部」改為「軍臺」。

玩家應在試玩過程中，陸續熟習官制和衙門名稱，否則會罔然不知所措。

第九節　遊戲目的

本遊戲之目的在於「陞官發財」，以「籌」計算玩家之間的財富轉移。

基本情況如下：

（一）公注

每一玩家出資一百籌湊成公注。在遊戲過程中，凡官員負責朝廷差事和受皇帝賞賜都從公注中支取。如官員失職而受罰，所罰皆入公注。

局終公注餘數由所有玩家平均攤分。

（二）賀禮

凡高中「狀元」、「榜眼」、「探花」（圖二，丑；第一列「殿試」），在局者都要送賀禮。

如十人在局，有人中「狀元」，其餘九人賀二十籌，「狀元」共得一百八十籌。

又如獲得朝廷封爵，其他玩家亦要送賀禮。如得「公爵」（圖三，寅；第一列「封爵」，「公爵」），除依指示支公注一百籌外，其他玩家都要送賀禮二十籌（潘按：原則上已榮休的玩家應該不必送賀禮，亦可按開局前的協議定奪，見下文第十四節〈局例〉）。

（三）見面禮

另外，地方官員下級遇上級需送見面禮五籌，中央官員不論。

如「甲」現職「縣主簿」（圖十一，戌；第一列「縣」，正九品），「乙」由其他衙門轉入為「簡縣知縣」（「縣」，正七品）。因「乙」品級高於「甲」，「甲」須給「乙」見面禮五籌。假如再有「丙」從其他衙門轉入為「縣丞」（「縣」，正八品），則「丙」須付「乙」五籌，而「甲」須付「丙」五籌。餘此類推。

凡兩玩家品級相同，雖同在某一外官衙門任職，亦不須計見面禮。

例外，「縣」（圖十一，戌；第一列）中，「繁縣知縣」、「簡縣知縣」（都是正七品）不須付見面禮予「京縣知縣」（正六品）。

（四）封爵

封爵，是一二品大官獲皇帝封為王、公、侯、伯、子、男等爵位。

太醫院院使（正五品）、欽天監監正（正五品）兩職，只可以升至最高正二品大賀，不得封爵。

例：「兵部右侍郎」（圖六，巳；第一列「兵部」），擲得「全六」，按「封爵」（圖三，寅；第一列「封爵」下附註）論封。原名牌轉到「子爵」（「封爵」內），支公注四十籌，各賀十五籌。

（五）賞賜

賞賜，是皇帝給官員的禮物。

如「保和殿大學士」（圖四，卯；第一列「殿閣」，「保和殿」）擲得一「柔」，得「珍賞」（圖三，寅；第二列「特恩」）。該玩家的兩張名牌，一張仍押在「保和殿大學士」，另一張押在「珍賞」，支公注二十籌。下一擲按「珍賞」的內容行事。

（六）差事

差事，是官員負責特別任務，因而獲得「經費」。

例：「大理寺卿」（圖七，午；第二列「大理寺」）擲一「柔」，擔任「學政」。但是「學政」必須「進士」（見圖二，丑；第一列「殿試」下附註）才可以擔任（見圖七，午；第一列「都察院」下附註）。如該玩家不是「進士」，不得任「學政」而改為「留任」（即是這一步不行）；如是「進士」，將另一名牌，押「學政」（圖十，酉；第一列「學院」），並支公注五籌。下一擲按「提督學政」走。如下一擲得一「贓」，為「倍罰回」，即交還剛支的五籌，另罰十籌，都入公注。

凡「贓罰回」，都是交還剛支的五籌外，另加罰五籌入公注。凡「贓回」，則不需追回已支公注。

（七）處分

處分，是官員工作上犯錯或被評為不稱職，因而受到懲罰。

例：「戶部尚書」（圖五，辰；第二列「戶部」），擲得一「贓」，得處分為「革留」（圖十一，戌；第三列「革留」），將另

21

一名牌押在「革留」。如下一擲得一「功」，為「罰俸復任」，按「處分」例，「罰俸」二十籌（二品以上，「戶部尚書」為從一品）入公注，即可復任「戶尚」的原官。

（八）榮休大賀、予告

率先榮休的玩家，可得仍在局的玩家「大賀」三十籌，先榮休者不必賀後榮休者。以十人入局為例，第一人得九家賀，第二人得八家賀，餘此類推，至第九人得一家賀而局終。最後一人無人賀。為增添趣味，可限定大賀人數，應在開局前議定，然後執行。建議不超過一半為宜，例如十人入局，可定三至五人大賀（非大賀而榮休亦算）即局終。

例：如八人在局，第一人榮休得七人賀（210籌），第二人得六人賀（180籌）。玩家「大賀」後，名牌放「品級考」（圖一，子；第一列）。

除大賀之外，還有「予告」（圖十一，戌；第二列「大計」）和「休致」（圖十一，戌；第三列「處分」）可令玩家提早離局，這種情況雖不涉及「大賀」，那算入「大賀」的限定人數之中。

「予告」（圖十一）擲得「才」、「功」、「良」，都是「加一級榮歸」。

例：「巡撫」（圖九，申；第二列「撫院」），擲得一「柔」，即行「予告」，另一名牌押「予告」。「巡撫」本為「正二品」，「加一級榮歸」即是當作「從一品」論，名牌押在「品級考」（圖

一，子；第一列）的「從一榮祿大夫」。

「休致」（圖十一），擲得一「贓」，行「原品休致」，即是不得「大賀」、「贈」而退休，按原品按「品級考」。

例，玩家為「編修」（圖四，卯；第三列「翰林院」），擲得一「柔」，行「京察」（圖五，辰；第一列「京官京察」）。另一名牌押「編修檢討」。若下一擲得一「贓」，即行「休致」（圖十一），這個名牌由「京察」轉去「休致」。在「休致」再擲得一「贓」，行「原品休致」，即以正七品完成遊戲。但因為品級太低而可以「捐復」，玩家必然寧願「捐復」，繼續遊戲。「捐復」為雙倍「罰俸」。「罰俸」六品以下須十籌，「捐復」則須二十籌。

（九）局終比品級

局終後全體比較品級高低，每級五籌。甲玩家正一品大賀，乙玩家官至正三品，相差四級，再輸二十籌，餘此類堆。每一玩家必須與其他全體玩家比級。局終時玩家仍在「處分」，必須按指示罰籌以「復職」，才可以比品級，否則作最低級「未入流」論。減少大賀人數、提早局終，會令落後者最後的品級較低，輸得更多。

正一品為「光祿大夫」，從九品為「登仕佐郎」。正一品以上，還有「超品」和「王」，「未入流」則當作從九品論。

例：甲「正一品」，乙「從二品」，丙「正四品」。甲高乙三級，得十五籌；甲高丙六級，得三十籌；乙高丙三級，得十五籌。即是甲共得四十五籌，乙平手，丙需付四十五籌。

（十）均分公注

局終公注有餘，按人數平均攤分。若公注除不盡，餘籌另行決定。如抽籤、猜拳、擲骰、品級最高者先取、品級最低者先取等等都可以，可在開局時協商。

第十節　基本玩法

玩家出公注之後，用擲骰或抽籤方法決定先後。再依次輪流照擲骰，根據每一擲的結果，按圖中指示行走。

第一擲決定每位玩家的「出身」，至為重要。因為會影響到玩家是滿人還是漢人、以及是否可以參加科舉等等。

然後每擲決定入仕、陞遷、降職、發財、受罰等，皆按圖中每一個官職名下的指示進行。

第十一節　擲色的組合和意義

中國骰子用正立方體，舊時用牛骨、象牙之類的物料製造，現代多用塑膠。

一個正立方體共有六面，骰子在桌面上擲出之後，最終會在平面上停下來，其中一面向上，這一面的點數就是擲骰的結果。由一點至六點不等：

　　中國骰子習慣將四點和一點髹成紅色。四點又稱為「紅」，一點又稱為「么」。中國傳統擲骰遊戲，較多以擲得四點為最佳，然後依次為六、五、三、二，么則最劣。這是自唐朝以來的習俗，據文獻記載，因為唐玄宗一次與楊貴妃以骰子為戲，到唐玄宗擲骰，必須得到兩顆骰都是四，才可以扭轉敗局，結果如願以償，擲得重四，於是「龍顏大悅」，賜骰子中的四點可以用緋色！「緋」即是鮮紅色，按唐代的制度，高級官員才可以用緋色的官服。此後中國骰子由只有么點髹紅色，改為么點和四點都髹紅色。《陞官圖》也繼承這個傳統，以擲得四點最佳，然後才是點數最多的六。

　　四顆骰可以擲出的組合，在《陞官圖》可以有下幾種分類：

（一）兩顆同點，另兩顆不同點，稱為「雙」。

這是《陞官圖》的最基本走法。

每個點數成對都有特別的名稱：

雙紅叫「德」，指官員有德行。

雙六叫「才」，指官員有才能。

雙五叫「功」，指官員有功績。

雙三叫「良」，指官員品性良善，也就暗示在德、才、功面都比較平庸。

雙二叫「柔」，指官員品性柔弱（或柔順），算是不很稱職。

雙么叫「贓」，指官員貪污，收受不應得的財富，即是貪污所得的贓款。

這六個情況是玩家在局中陞官、降職的最基本依據。

顧名思義，官員有「德」、「才」、「功」通常可以陞官。「德」比「才」升得快、升得高；「才」也比「功」優勝。不過這樣並不是絕對，當玩家升到很高的品級時，可能擲到「德」便要榮休，擲得「才」、「功」反而可以繼續陞官發財。

「良」、「柔」則表現平庸，可能獲派差事、平調或留任不得陞遷，視乎不同官職而定。

「贓」是貪贓，一般會受罰。因為陞官圖以紅四為尊，凡雙么帶有一紅，可以免行「贓」，即是不必受罰，停走一次。

（二）全骰（又作「全色」）

即四顆骰的點數都一樣，術語稱為「全紅」、「全六」至「全么」等。

出身時得「全骰」（圖三，寅；第一列「出身」）會立即得到其他所有玩家賀禮。

出身後，在一二品官職上得「全骰」可獲封爵。唯是「太醫院院使」（圖八，未；第二列「太醫院」）、「欽天監監正」（圖八，未；第二列）兩職最高只能在正二品大賀，不得封爵。

三品以下，「全紅」作「四德」，即是連走四次「德」；「全六」作「三德」；「全五」作「二德一才」，即是先走兩次「德」，再走一次「才」；「全三」作「二德一功」，「全二」作「二德」，「全么」作「一德一才」（簡稱「德才」）。

（三）三骰同點，另一顆不同，稱為「聚」

有「聚紅」、「聚六」……「聚么」等，「聚」只在玩家「出身」時有用。

「出身」以後，凡「聚」都當作兩個「雙」計，例如「聚紅」當作於兩個「雙紅」，可以行兩次「德」。「聚六」行兩次「才」。餘此類推。

（四）兩顆同點，另兩顆亦同點，稱為「二對」

「二對」中包括「紅四」的稱為「紅二對」，沒有「紅四」的稱為「素二對」。

需注意，「么」雖然也鬃紅色，但只有四點才是「紅」。

出身第一擲得「紅二對」或「素二對」，玩家依「紅」、「六」、「五」、「三」、「二」、「么」的次序，以排在前面的一對定「出身」，另一對作廢。如「出身」擲得「雙六雙五」，當作「雙六」論，「雙五」作廢。餘此類堆。

「紅二對」在某些特定官職和情況之下，有特別安排，都在圖上註明。如沒有特別走法，照兩對走兩步。如得「雙紅雙五」，即作「一德一功」論（簡稱「德功」）。

「素二對」在本版《陞官圖》不作特別安排，「出身」後的走法如「紅二對」，如擲得「雙六雙五」，即作「一才一功」論（簡稱「才功」）。

「出身」後擲得「二對」，仍依「德」、「才」、「功」、

「良」、「柔」、「贓」的先後次序走。如擲得「雙紅雙二」，先行一「德」，再行一「柔」，餘此類堆。

（五）四顆都不同點

一般不成「德才功良柔贓」，這一次擲骰作廢，等於停走一次。

但有例外，如剛好是「三四五六」，稱為「穿花」。個別官職上有特別注明「穿花」的行法，已出仕做官的當作「軍功」。有些情況「穿花」當作一個「才」。

第十二節　擲骰舉例

擲得： ⚃ ⚃ ⚃ ⚃

「全紅」。「出身」為「衍聖公」（圖三，寅；第一列「出身」）；三品以下行「四德」；一二品「封爵」。

例一：現為「繁府」（圖十，酉；第二列「府」，從四品「繁府知府」）。

從四品得「全紅」，依例行四次「德」。

第一德升「鹽運使」（圖九，申；第三列「都轉鹽運使司」，從三品「鹽運使」）。

第二德升「按察」（圖九，申；第二列「提刑按察使司」，正三

品「按察使」）。

第三德升「布政」（圖九，申；第二列「承宣布政使司」，從三品「布政使」）。

第四德升「巡撫」（圖九，申；第二列「撫院」，正二品「巡撫」）。

例二：現為「額外主事」（圖六，巳；第一列「各部院」，正六品「額外主事」）。

正六品得「全紅」，依例行四次「德」。

第一「德」升「戶主」（圖五，辰；第二列「戶部」，「戶部主事」）。

第二「德」在「戶部主事」行「一位」（圖五，辰，第三列「戶部」，「戶部員外郎」）。

第三「德」在「戶部員外郎」行「御史／繁府」。如為「舉人」（圖二，丑；第二列「鄉試」，「舉人」、「經魁」、「解元」皆是）出身，可任「御史」（圖七，午；第一列「都察院」，「監察御史」）；如非「舉人」出身，改任「繁府」（圖十，酉；第二列「府」）。

第四「德」。「御史」升「常少」（圖七，午；第二列「太常寺」，「少卿」）。「繁府」升「鹽運使」（圖九，申；第三列「都轉鹽運使司」）。

擲得：⚁ 🎲 🎲 🎲

「穿花」。「出身」為「廕生」（圖二，丑；第三列「出身」）。

例一：現為「官學教習」（圖八，未；第三列「國子監」）。

「穿花」行「閣中」（圖四，卯；第二列「內閣」，「內閣中書」）。

例二：現為「生員」（圖二，丑；第三列「出身」）。

「穿花」行「召試」（圖二，丑；第二列「曠典」，「生監召試」）。

例三：現為「簡縣」（圖十一，戌；第一列「縣」，「簡縣知縣」）。

「穿花」行「軍功」（圖六，巳；第二列「軍功」，「六品以下」）。

例四：現為「伯爵」（圖三，寅；第一列「封爵」）。

「穿花一位」，升為「侯爵」。支公注七十籌，各賀二十籌。

擲得：⚅ ⚅ ⚅ ⚀

「聚紅」。「出身」行「恩賞」（圖二，丑；第一列「出身」，「恩賞」）。

「出身」以後行「二德」。

例一：現為「布經」（圖九，申；第二列「承宣布政使司」，「經歷」）。

第一「德」，在「布政司經歷」行「知州」（圖十，酉；第三列「州」，「知州」）。

第二「德」，在「知州」行「工員」（圖六，巳；第三列「工部」，「員外郎」）。

例二：現為「河工道」（圖九，申；第一列「河院」，「河工道」）。

「二德」行「河督」，這是特殊例子。《陞官圖》中只有少數官職擲出「二德」可以超升高職。如果這擲得一「德」，下一擲再得一「德」，那麼第一「德」走「按察」（圖九，申；第二列「提刑按察使司」，「按察使」），第二「德」走「布政」（圖九，申；第二列，「承宣布政使司」，「布政使」）。

例三：現為「典史」（圖十一，戌；第一列「縣」，「典史」）。

「二德」行「簡縣」（圖十一，戌；第一列「縣」，「簡縣知縣」）。如果分兩次擲到「德」第一「德」行「二位」，即向左走兩格，升為正九品「主簿」；第二「德」行「州判」（圖十，第三列「州」，「州判」）。

例四：現為「吏尚」（圖五，戌；第一列「吏部」，「尚書」）。

「二德」行「大學士」（圖四，卯；第二列「內閣」，「大學士」）。「三興版」、「道光版」的「吏尚」，如「漢員」擲「德」，必須出身「翰林」才可以升「協辦」（圖四，卯；第二列「內閣」，「協辦大學士」）。本版為贈遊戲趣味，稍作修改，讓「漢員」非「翰林」亦有機會升為「大學士」。

擲得：⚃ ⚃ ⚃ ○

「聚六」。「出身」行「博學鴻詞科」（圖二，丑；第一列「出身」）。即轉「博學鴻詞」（圖二，丑；第二列「曠典」，「博學鴻詞」）。「出身」以後行「二才」。

例一：現為「伯爵」（圖三，寅；第一列「封爵」），並曾擲得一「良」，獲「開褉袍」（圖三，寅；第二列「特恩」）。

於是兩張名牌分別押在「伯爵」和「開褉袍」上。第一「才」按「開褉袍」走（不按「伯爵」走），「才功一位」（向左走一位），

改為「圖龍褂」（支公注三十籌）。第二「才」走「一位」，改為「三眼花翎」（再支公注三十籌）。

如果現為「伯爵」而沒有獲得「開襖袍」，擲得「才」即「大賀」。

例二：現為「右贊善」（圖三，寅；第三列「詹事府」，「右贊善」）。

第一「才」行「四位」，升「洗馬」。

第二「才」在「洗馬」行「一位」，升「右庶子」。

例三：現為「府同知」（圖十，酉；第二列「府」，「同知」），第二張名牌在「內記名」（圖十一，戌；第二列「大計」）。

第一「才」在「內記名」，行「二德一功」，在「府同知」行「二德一功」後，再行第二「才」。依次行「德」、「德」、「功」、「才」。

先行「德」，「府同知」行「二位」，升「繁府知府」。

再行「德」，「繁府知府」，升「鹽運使」（圖九，申；第三列「都轉鹽運使司」）。

再行「功」，「鹽運使」行「加級」（圖十一，戌；第二列「大計」）。

再行「才」，「加級」內「才行德功」，即在「鹽運使」再行「一德一功」。

又再行「德」，升「通副」（圖七，午；第一列「通政使司」，

33

「通政副使」）。

再行「功」，再得「加級」。

請注意，本例擲得「二才」，玩家應先將第一「才」全部執行完畢，才可以走第二「才」。

擲得：

「聚三」。「出身」行「筆帖式」（圖二，丑；「筆帖式」）。「筆帖式」為「滿缺」，即是滿洲籍。「滿員」有許多特權，凡對「漢員」的限制，都不影響「滿員」。例如：「漢員」要出身「翰林」才可以「協辦」，出身「舉人」才可以任「御史」等，都不影響「滿員」。

「出身」後行「二良」。

例一：現為「通政副使」（圖七，午；第一列「通政使司」，「通政副使」）。

第一「良」行「紀錄」（圖十一，戌；第二列「大計」），將第二張名牌押在「紀錄」上。第二「良」在「紀錄」上，「良柔行功」，即以原官行「功」為，「加級」。第二張名牌押在「加級」（圖十一，戌；第二列「大計」）。

例二：現為「訓導」（圖十，酉；第一列「學院」）。

第一「良」行「二位」，升為「學正」。第二「良」，在「學正」上行「國學錄」（圖八，未；第三列「國子監」，「學錄」）。

擲得：⊡ ⊡ ⊡ ⊡•

「出身」為「聚么」，行「醫士」（圖二，丑；第三列「出身」，「醫士」）。

「出身」後，行「二贓」。這是本版《陞官圖》擲出最壞的結果。但是亦有例外，如「特恩」（圖三，寅；）欄內，遇「贓」都不行。

例一：現為「府大使」（圖十，酉；第二列「府」）。

第一「贓」行「下一」，降為「檢校」。第二「贓」在「檢校」，行「歸田」（圖十一，戌；第三列「處分」）。

例二：現為「漕督」（圖九，申；第一列「漕院」，「漕運總督」）。

第一「贓」行「革留」（圖十一，戌；第三列「處分」）。第二「贓」在「革留」上，行「下一」，轉「交部」。

擲得：⊡ ⊡ ⊡ ⊞

這也是「聚么」。「出身」後，原為「二贓」，因有一「紅四」可免行一「贓」，合計只行一「贓」。

擲得：⚅⚅ ⚀⚀

　　「出身」作「雙紅」，「雙么」作廢。

　　「出身」後，在一些職位可行「紅二對」，都會特別註明。假如現職、差沒有「紅二對」的走法，則作一「德」論。玩家須注意，這個「雙么」因有一「紅四」，可以免行「贓」。

擲得：⚅⚅ ⚂⚂

　　這也是「紅二對」。假如職位上「紅二對」沒有特別走法，則行「一德一才」。

擲得：⚃⚃ ⚂⚂

　　「出身」後，行「一才一功」。

　　例一：現為「典史」（圖十一，戌；第一列「縣」），另外第二名牌在「軍功」（圖六，巳；第二列「軍功」，「六品以下」）。

　　先在「軍功」、「六品以下」行一「才」，得「保陞」（圖十一，戌；第二列「大計」，「保陞」）。再在「保陞」行一「功」，「功行二德」。在「典史」原官上行「二德」。但是凡「二德」推升的，必須一擲得「聚紅」才算合式。從「軍功」得的「二

36

德」不算，所以不可以直升「簡縣」。

　　例二：現為「守道」（圖九，申；第三列「道」，「分守道」），第二張名牌在「卓異」。

　　先在「卓異」行一「才」，「才行德才」，即在「守道」上行「一德一才」，再行餘下的「一功」。合計在「守道」上行「德」、「才」、「功」三步。

　　「守道」行「德」，升「按察」（圖九，申；第二列「提刑按察使司」）。

　　「按察」行「才」，轉「通副」（圖七，午；第一列「通政使司」）。

　　「通副」行「功」，得「加級」（圖十一，戌；第二列「大計」）。第一名牌仍在「通副」，第二名牌押「加級」。

擲得：⚁ ⚁ ⚄ ⚄

　　「出身」行「官學生」。「出身」後，行一「功」。

擲得：⚃ ⚄ ⚁ ⚀

　　本擲不成對，無效。不得行。待下次擲。

第十三節　備註

◇《陞官圖》反映清代滿洲人比漢人有更多特權。凡「官學生」、「筆帖式」出身，即屬滿洲人。漢員遇「滿缺」應依圖示另行。

◇漢人非翰林院出身（曾任「檢討」以上的官），不可以任擔任「協辦大學士」；非進士出身，不可以擔任「學政」、「主考」等差；非舉人出身，不得擔任「御史」和個別部門的官職。滿洲人不受以上各例限制。因此漢員在有選擇時，應盡量保持繼續考科舉。

第十四節　局例

下列各例為增加趣味而設，開局前可以經全體同意試用。

（一）加玩家

如玩家太少，會不夠熱鬧，可以每人控制多於一名「參賽者」。例如兩人對局，每人可玩四至五名；三人對局，每人可玩三至五名；四人對局，每人玩二至三人。

為遊戲進行時更暢順，可以每一位玩家先擲完自己名下的人，然後輪到另一人。

例如「甲」、「乙」、「丙」三人入局，則按「甲」、「乙」、「丙」的次序擲骰。

又如，三人各控制三名玩家，「甲」、「乙」、「丙」三人各出公注三百籌。輪擲次序為：「甲一」、「甲二」、「甲三」、「乙一」、「乙二」、「乙三」、「丙一」、「丙二」、「丙三」。

（二）大賀人數

如前述，一般以略少於「參賽者」數目的一半為宜。

（三）自由次序

原例以「德才功良柔贓」為序，先行好的，再行壞的。

擲得：⚃ ⚃ ⚃ ⚃，原例行「先才後功」。如用此「局例」，可以選擇行「先功後才」。如遇「二德一才」，原例應行「德」、「德」、「才」，用此「局例」，可以選擇「德才德」、「才德德」，視乎那個走法更有利而定。

（四）出身「紅二對」、「素二對」

現例只選行一對，另一對作廢。

局例可改為第二對不作廢。

例如，局例（三）、（四）齊用。

「出身」擲得：⚃ ⚃ ⚀ ⚀。若行先「功」後「贓」，則為「官學生」，再「罰五籌」，得到「滿人」身份。若行先「贓」後「功」，則為「童生」，再改「監生」。

（五）已大賀、榮休者應否向仍在局者送賀禮

上文提過，原則上最先大賀者已屬退休（可能回鄉養老），不應該再涉及官場的餽贈。但是參加遊戲者亦可以協議，規定已大賀者向未完局者送禮（包括「封爵」之類）。

第二章《陞官圖》與清代中央官制

第一節　簡介

我們談到《陞官圖》，一般指使用四顆骰子、只涉及清代文官系統的版本。現時香港市面上仍然流通的，是民國時代上海三興書社出版的石印本《遊戲陞官圖》，下文簡稱「三興版」，不少老香港都見過、玩過。

現時英國牛津大學圖書館藏有「清道光庚子孟冬翻刊本」的陞官圖，似是木刻印刷，時為道光三年（1840），以下簡稱「道光版」。「道光版」和「三興版」大同小異，應該同出一源。

這個系列《陞官圖》的創作時代，可以從兩個方面推算。

一是地方官「道員」的品級，這在乾隆十八年（1753）劃一為正四品，此前道員的品級由從三至正五不等。由此可以確定《陞官圖》最早不能早過乾隆十八年。

二是「道光版」部分內容似乎參考過《欽定皇朝通典》、《欽定皇朝通志》、《欽定皇朝文獻通考》（合稱《清朝三通》），三部書都在乾隆五十二年（1787）成書。由此推斷，《陞官圖》早不過乾隆朝面世，而大有可能在嘉慶朝才逐漸流行。

為便利讀者，簡介清朝由初起到嘉慶朝概況如下表：

廟號	名	年號（年期）	生卒年	在位年	任內大事
太祖	努爾哈赤	天命（11）	1559-1626	1616-1626	叛明，創立八旗制度 稱汗，成立「大金」政權，史稱「後金」。
太宗	皇太極	天聰（10） 1627年改元 崇德（8） 1636年改元	1592-1643	1626-1643	設立蒙古八旗、漢軍八旗。 改國號為「大清」，稱帝。 改革政治制度。
世祖	福臨	順治（18） 1644年改元	1638-1661	1643-1661	入關，遷都北京。 襲用明代官制。 擊潰流寇、南明等勢力。
聖祖	玄燁	康熙（61） 1662年改元	1654-1722	1661-1722	平定三藩，實際上統一中國。 平定臺灣，開放海禁。 與俄羅斯簽訂《尼布楚條約》。 平定準噶爾。 出版《康熙字典》、《古今圖書集成》，興文字獄。
世宗	胤禛	雍正（13） 1723年改元	1678-1735	1722-1735	成立軍機處。 大興文字獄。 平定青海。 實行「改土歸流」，加強對中國西南部的統治。
高宗	弘曆	乾隆（60） 1736年改元	1711-1799	1735-1795	平定新疆、蒙古，自號「十全老人」。 出版《四庫全書》，大興文字獄。 寵任和珅。 禪位予嘉慶帝，為太上皇，仍掌實權，嘉慶四年崩。
仁宗	顒琰	嘉慶（25） 1796年改元	1760-1820	1796-1820	賜死貪官和珅，抄家。 貪污嚴重。民變頻生。清室中衰。

表三：清代由初起到全盛期諸帝君

第二節　清代官制的種族政策

　　滿清以少數民族入主中國，整體國策和政治制度都採取種族政策，以防範漢人造反。清代的皇帝獨攬大權，清初沿用入關前的「議政大臣」制度，通常重用宗室親王和滿洲貴族。清世祖（順治帝）入關之後，除了保留太祖、太宗兩代「軍民合治」的「八旗制度」之外，中央政府和地方政府基本上照搬明代的一套制度。但只是名稱相近，制度的精神卻大異。

　　清代許多官職都規定官員滿漢並用，而且各有既定名額，雖然官職相同，一般仍以滿洲官員掌實權。初期部分官職更是滿員的品級比漢員為高，後來才陸續統一品級。以中央的六部為例，明代設尚書、左侍郎、右侍郎各一人，即是一長官兩次官；清代則是尚書、左侍郎、右侍郎都是滿漢各一人，變成兩長官四次官。有些重要職位甚至專用滿員，後來才兼用漢員。如山西、陝西等省的總督、巡撫，因為地近北京，初期必用滿員，後來才兼用漢員。

　　此外，漢人一般必須進士出身，入過翰林院才可以出任大學士，個別部門的中級官員（如吏部、禮部的郎中、員外郎和主事等）都要有舉人資格，滿人都不在此限。這些都是典型的種族政策，部分在《陞官圖》遊戲中如實反映。圖中凡「官學生」和「筆帖式」出身都屬「滿員」，即是「滿洲籍」。

第三節　中央政府與相權：三公九卿、三省、內閣

　　中國傳統政治很重視「宰相」的角色，俗語有謂：「一人之下，萬人之上。」說明宰相的權力僅次於皇帝，一個掌握實權的宰相，是中國君主政體中的政府最高首長，而不同時期相權與君權之間互有消長。

　　要了解清代中央政府的制度，仍需簡略介紹中國歷史上相權的演變，簡而言之，可以分成三大階段：第一是秦漢時代的「三公九卿制」，第二是隋唐時代的「三省制」，第三是明清時代的「內閣制」。

　　國學大師錢穆先生（1895-1990）認為秦漢時代的宰相是「領袖制」，「三公」是丞相、太尉和御史大夫，最簡單的說法為丞相是文官長，等於政府首長；太尉是武官長；御史大夫是丞相的副手，兼掌監察工作。丞相、太尉、御史大夫一度分別改稱為「大司徒」、「大司馬」、「大司空」。東漢的三公是司徒、太尉、司空。

　　在有丞相的時代，政府絕大部分官吏都是丞相的下屬，丞相可以直接指揮。丞相的權力有多大，則視乎皇帝是否有為，好像西漢時漢武帝劉徹（前156-前87）凡事都自己管，丞相變成只是他其中一個助手。三國時代蜀漢的丞相諸葛亮（181-234）則是另一個極端，後主劉禪（207-271）對政事一概不管，基本上任由諸葛亮全權代理軍國大事。

　　三國到隋統一之前（即所謂「魏晉南北朝」）是過渡期，相權經常超越君權，所以這個時期權臣篡奪帝位的事層出不窮。漢魏（劉家讓位曹家）、魏晉（曹家讓位司馬家）、晉宋（司馬家讓位劉家）、宋齊（劉家讓位蕭家）、齊梁（蕭家讓位旁支親屬）、梁陳（蕭家讓位陳家）等朝代之間的更替，都是以儒家提倡的「禪讓制度」為理論

基礎，令皇帝之位從現任傀儡，改由比實權宰相更有權力和威望的所謂「權臣」取代。

到隋唐時代，相權被分割，錢穆先生認為這個時期的宰相是「委員制」。「三省」是尚書省、中書省和門下省，長官分別是尚書令、中書令和侍中。三省的分工簡單來說是中書省負責起草法令；門下省負責封駁，即是對中書省的法令提異議；尚書省則負責執行政令。唐太宗李世民（599-649）未做皇帝前就做過尚書令，唐代中葉的中興名臣郭子儀（697-781）也當過中書令。唐初設立政事堂，命三省的長官和次官聚在一起辦公，方便溝通。史家和民間都視他們為宰相，所以經常有人說唐代宰相的名額最多，實情是幾個宰相之中，有人出主意較多，有人形同副手，一般以排名第一的當為「首相」。

三省在宋代逐漸合併，到元代只剩下中書省。明太祖朱元璋（1328-1398）又廢置中書省，不再設丞相，由皇帝直接指揮六部（吏戶禮兵刑工，長官是尚書）。到了仁宗、宣宗時代，又重用「內閣大學士」，後來尚書（正二品）兼大學士（正五品）的官員，才被視為宰相。

清代改內閣大學士為正一品，尚書為從一品，於是大學士算是名義上的文官長，被民間敬稱「宰相」、「相國」，但是大學士不些一人，其職權跟傳統上的真宰又相差得很遠，不能指揮六部。雍正年間用兵西北（今天新疆等地），為恐洩密而設立軍機房，後改名「軍機處」，此後取代了內閣的地位，「相權」亦轉移到軍機大臣，但是軍機大臣亦不能指揮六部，只能算是皇帝的「特別顧問」、「事務助理」。軍機大臣通常在大學士、尚書、侍郎等高官中挑選，間中亦用宗室親王。大學士如果不得入軍機，對真正的軍國大事都不能預聞。

第四節　官名比較：三公九卿、三省與清制

　　《陞官圖》裡面許多官名都可以追溯到前代，下表為清代部分中央官名與秦漢「三公九卿」的關係：

級別	官名 （連別名）	主要職掌	清代同名官員	備註
公	丞相 （宰相）	文官長，中央政府最高行政長官	無	西漢末，丞相曾更名「大司徒」。清代民間敬稱「殿閣大學士」為宰相、閣老等，吏部尚書則敬稱為「大司徒」。
公	太尉	武官長	無	西漢末，太尉曾更名「大司馬」。晉代太尉和大司馬並置。清代民間敬稱兵部尚書為「大司馬」。
公	御史大夫	副丞相，監察百官	都御史 副都御史 御史	西漢末「御史大夫」曾更名「大司空」。清代民間敬稱工部尚書為「大司空」。
卿	奉常 （太常）	皇家宗廟禮儀	太常寺卿 太常寺少卿	清代太常寺職掌與禮部有重疊。
卿	郎中令 （光祿勳）	宿衛侍從	光祿寺卿 光祿寺少卿 郎中	清代有侍衛處、鑾儀衛。光祿寺僅負責皇室膳食，但職務與內務府有重疊。此外，六部、理藩院、內務府等衙門都有「郎中」，屬中級官員。
卿	衛尉	管宮門警衛	無	清代有侍衛處、鑾儀衛。
卿	太僕	皇帝車馬及馬政	太僕寺卿 太僕封少卿	清代太僕寺職掌與兵部有重疊。
卿	廷尉 （大理）	掌刑辟	大理寺卿 大理寺少卿	清代大理寺職掌與刑部有重疊。
卿	典客 （大鴻臚）	掌蠻夷事務	鴻臚寺卿 鴻臚寺少卿	清代鴻臚寺職掌與禮部、理藩院有重疊。
卿	宗正	掌皇族事務	宗人府丞	清代宗人府有宗人、宗正、宗令等職，由宗室王公擔任。另設「丞」。
卿	治粟內史 （大司農）	掌國家財政	無	清代民間亦有敬稱戶部尚書為「大司農」。
卿	少府	掌皇帝私人財政	內務府總管	清代由內務府管理皇室庶務

　　表四：秦漢三公九卿與清代官名

下表為清代部分中央官名與唐代「三省」的關係：

三省	長官次官屬官	部門主要職責	清代同名官員	備註
尚書	尚書令 尚書僕射 尚書左右丞 六部尚書	選舉官員 執行法令	六部尚書 理藩院尚書	元代尚書省併入中書省，中書省管六部。 清代六部獨立，除非有王公、大學士管部， 否則尚書之上，再無上司。
中書	中書令 中書侍郎 中書舍人	草擬和發佈法令	中書	明初廢中書省，皇帝自省六部。 清代中書屬內閣，屬中低級官員。
門下	侍中 門下侍郎 給事中	審查法令	六科給事中	南宋時廢門下省。 清代六科給事中屬都察院。

表五：唐代三省與清代官名

第五節　中央武官：八旗各營、侍衛處和鑾儀衛

「四骰陞官圖」不涉武職體系，但為讓讀者有通盤了解，仍簡略簡介。

清太祖努爾哈赤建立「八旗」，是「軍民合治」的制度，每旗都有「旗主」。最初將軍隊分為黃、紅、藍、白四正旗，後來軍力壯大，再增設鑲黃、鑲紅、鑲藍、鑲白四旗。四正旗的旗幟不鑲邊，鑲白旗的旗幟是白底鑲上紅邊，其餘鑲黃、鑲藍、鑲紅三旗則鑲上白邊。後來鑲黃、正黃、正白成為「上三旗」，由皇帝親自統領。又置「議政大臣」，由滿族王公擔任。

清太宗皇太極的時代又設立「蒙古八旗」和「漢軍八旗」，共為

二十四旗。每旗設「都統」（從一品）、「副都統」（正二品）各一人。屬下有「參領」（正三品）、「副參領」（正四品）、「佐領」（正四品）、「驍騎校」（正六品）等職，並成立「驍騎營」。後來從八旗中抽調兵員增設「前鋒營」和「護軍營」，長官分別是「前鋒統領」（正二品）和「護軍統領」（正二品）。

　　清世祖入關後，又設「步軍營」，長官是「提督九門步軍巡捕五營統領」（正二品，簡稱「步軍統領」、民間稱為「九門提督」），例由親信大臣兼任，掌管京城內城九門（正陽、崇文、宣武、朝陽、阜成、東直、西直、安定、德勝等門）、外城七門（永定、左安、右安、廣渠、廣安、東便、西便等門），負責整個京師的防務，至為關鍵。

　　「京城禁旅八旗」駐防北京，分左、右兩翼駐紮在城內。左翼四旗在東，自北而南分別是鑲黃旗、正白旗、鑲白旗、正藍旗；右翼四旗在西，北而南分別是正黃旗、正紅旗、鑲紅旗、鑲藍旗。還有「各地駐防八旗」，負責監控漢人。

　　清太祖時從「上三旗」人員中遴選侍衛。順治入關後成立「侍衛處」，長官是「領侍衛內大臣」（正一品），次官是「內大臣」（從一品），各六人（每旗兩人），下設一等、二等、三等侍衛（正三、正四、正五品）和「藍翎侍衛」（正六品）。侍衛擔任皇帝的「翊衛扈從」，另以王公大臣兼任「御前大臣」，又從侍衛中特簡「御前侍衛」。

　　又設「鑾儀衛」，長官是「掌衛事大臣」（正一品）一人，由王

公大臣兼任，次官是「鑾儀使」（正二品）三人。下設「冠軍使」、「雲麾使」、「治儀正」、「整儀尉」等官。「鑾儀衛」各官掌帝后的車駕儀仗，由明代聲名狼籍的「錦衣衛」演變出來，但「鑾儀衛」並不是跟「錦衣衛」那樣是皇帝的特務機構。

「三興版」《陞官圖》不設武官系統，但有「鑾儀衛」衙門和「鑾儀使」一項差事。本版刪去「鑾儀使」。

第六節　宗室封爵、額駙與異姓封爵

「四骰陞官圖」不包括宗室封爵，在此仍簡介一下，制度上共分十四級，表列如下：

級	名稱	簡稱	備註
1	和碩親王	親王	
2	世子		親王繼承人
3	多羅郡王	郡王	
4	長子		郡王繼承人
5	多羅貝勒	貝勒	
6	固山貝子	貝子	
7	奉恩鎮國公	鎮國公	
8	奉恩輔國公	輔國公	
9	不入八分鎮國公		
10	不入八分輔國公		
11	鎮國將軍		
12	輔國將軍		
13	奉國將軍		
14	奉恩將軍		

表六：清代宗室封爵級別

由「和碩親王」到「奉恩輔國公」屬「入八分公」；其餘六級為「不入八分公」。「王公大臣」就指這十四級封爵。滿清入關前，所有戰利品都由八旗均分，「入八分公」就有資格分享，「不入八分公」則無。入關後仍保留舊制名稱，但後來戰利品盡歸皇帝所有。

最多讀者知道的親王是恭親王奕訢（1833-1898），他是道光帝第六子，咸豐帝異母弟，被封「和碩恭親王」，恭是封號，爵位是「和碩親王」，死後諡號「忠」，正式稱號是「和碩恭忠親王」。奕訢於咸豐、同治、光緒三朝長期擔任軍機大臣。

至於郡王，值得一提的是乾隆末年的重臣福康安（1753-1796），他死後被追封為「嘉勇郡王」，是清代非宗室獲封郡王的第一人。民間傳說，福康安是乾隆的私生子。

讀者大多知道公主的丈夫叫「駙馬」，駙馬是漢代「駙馬都尉」的簡稱，原本是皇帝的近臣，後世一般授給公主的夫婿，於是成為專用代稱。「額駙」是清代駙馬的代稱，「四骰陞官圖」沒有包括在內。列簡表如下：

額駙	妻	品秩
固倫額駙	固倫公主（皇后親生女）	固山貝子
和碩額駙	和碩公主（妃生女）	超品公
郡主額駙	郡主（親王女）	一品
縣主額駙	縣主（世子、郡王女）	二品
郡君額駙	郡君（貝勒女）	三品
縣君額駙	縣君（貝子女）	四品
鄉君額駙	鄉君（入八分鎮國公、輔國公女）	五品

表七：清代額駙級別

乾隆初年重臣傅恆（?-1770，姓富察氏，滿洲鑲黃旗人），四子中有兩子是額駙。長子福靈安（?-1767）是「多羅額駙」（娶郡王女），次子福隆安（1746-1784）是「和碩額駙」（娶乾隆第四女和碩和嘉公主1745-1767），三子是福康安，四子是福長安（?-1817）。福康安深得乾隆帝寵信，兩兄為額駙，他本人卻沒有成為皇帝的女婿，後來獲封為原屬宗室的「郡王」，這個「不合理」的情況，成為民間傳說他是皇帝私生子的「旁證」。

清代異姓爵位共九等，封贈功臣和外戚。表列如下：

級	名稱	官品
1	公	超品
2	侯	超品
3	伯	超品
4	子	正一
5	男	正二
6	輕車都尉	正三
7	騎都尉	正四
8	雲騎尉	正五
9	恩騎尉	正七

表八：清代異姓封爵級別

由公爵到輕車都尉都再分一等、二等、三等，騎都尉以下不再分等。

其實公爵以上本來還有王爵，清代順治初年封漢人大臣為王的有平西王吳三桂（1612-1678）、定南王孔有德（?-1652）、靖南王耿

仲明（1604-1649）和平南王尚可喜（1604-1676），世人視之為「漢奸」，當中尚可喜曾實際統治廣東地區二十多年。康熙朝三藩之亂以後，不再封王。咸豐帝曾許諾平定「太平天國」者封王，但是後來曾國藩（1811-1872）只是封一等侯。

「四骰陛官圖」以一二品大員擲全色得王、公、侯、伯、子、男等爵，是一個重要的發財途徑。（參考圖三，寅；第一列「封爵」）

「輕車都尉」以下，至「雲騎尉」則可以在出身時擲得「全骰」獲封（圖三，寅；第一列「出身」）。

第七節　中央文官：師傅保等官

太師、太傅、太保合稱「三公」，因為跟丞相、太尉、御史大夫這「三公」容易混淆，又稱「三師」或「三太」。三師自古已有，是皇帝的「師傅」。少師、少傅、少保合稱「三少」或「三孤」。

太子太師、太子太傅、太子太保合稱「東宮三師」，太子少師、太子少傅、太子少保合稱「東宮三少」，都是太子「師傅」。

「東宮」原本是太子的別稱。近代民間戲曲常有「東宮娘娘」、「西宮娘娘」的提法，可能受到清末同治、光緒年間兩宮太后「垂簾聽政」的影響。當時慈安太后（鈕祜祿氏，1837-1881）住「東暖閣」，慈禧太后（葉赫那拉氏，1835-1908）住「西暖閣」，故有「東太后」、「西太后」，之稱。

清代長時間具有太子身份的，只有康熙朝的允礽（1674-1725），

因此東宮三師、東宮三少長時間只是用作大臣的加銜兼官和死後的贈官，沒有實際職務。此外，乾隆朝也立過太子，但是短命夭折，以後各朝都不再有立過太子了。

「三興版」《陞官圖》將三師、三少、東宮三師、東宮三少列為「宮銜」，是另一個陞官發財的途徑。應作為「兼銜」，本修訂版刪去師傅保等官。

第八節　內閣、內廷、軍機處

「內閣」名義上是明代到清初中央政府的最高行政機關。到了清代中葉，中西交流漸多，前人於是將英國政制中的「cabinet」也譯作「內閣」，其實「cabinet」在此的意義實為「密室」。

此下簡介本版《陞官圖》的「內閣」（圖四，卯；第二列）。

清初有「議政大臣」的制度，皇帝通常任命滿洲王公親信大臣擔任。「內閣」的實際權力已經遠遠比不上明朝。「三興版」《陞官圖》沒有加入「議政大臣」，本版亦然。

清制「內閣」有大學士（滿漢各二人），協辦大學士（滿漢各一人）。

「學士」本為「文學侍從」之官，清代的大學士負責議論大政，在文官中官品最高，民間視為「宰相」，但實權比漢唐盛世的宰相差得很遠。乾隆十三年（1748）定三殿三閣大學士，即保和殿、文華殿、武英殿、文淵閣、體仁閣、東閣。見「殿閣」（圖四，卯；第一

列）。

「大學士」有時會被任命管理某些部門，《陞官圖》簡稱為「管部」（圖六，巳；第一列「各部院」，「大學士管部」）。

「協辦大學士」的「協辦」作動詞解，起初規定由尚書中「特簡」（「簡」在此解作挑選），一般稱為「某部尚書協辦大學士」，即是任命某部尚書「協助辦理」大學士負責的政務。因此在《陞官圖》上，六部尚書下一步可以升為協辦大學士，如果不夠資格升上去，就在尚書任上從一品大賀。

內閣的「學士」一般稱為「內閣學士」以資識別，這個官例兼禮部侍郎銜。還有「侍讀學士」和「侍讀」，都是負責文書工作。

內閣的「典籍廳典籍」在《陞官圖》上簡稱「典籍」，前三字是辦公的單位，後兩字才是官名，典籍負責「出納文移」，即是收發文件。

「中書」一職值得一談，而且要從「尚書」講起。「尚書」原本負責皇帝的檔案和文書，是九卿中「少府」的下屬，漢代逐漸演變為處理奏章，並發展成獨立衙門「尚書臺」。後來其長官「尚書令」的主要職務變為「典選舉」（負責選賢舉能，即官員任命），既有掌握選擇官員的大權，便逐漸成為中央政府的實際行政首長。

漢代的尚書令變成政府首長之後，皇帝又要另找人代替「尚書」原來處理文書的工作，選了原本由宦官擔任、負責管理皇宮內文書的「中書」代替，後來「中書」不限宦官，亦用士人。三國時曹魏的中書權重，魏文帝曹丕（187-226）以劉放（?-250）為中書監、孫資（?-

251）為中書令，掌管機密。二人日後影響到魏明帝曹叡（205-239）挑選輔政大臣，最終令到魏政落入司馬懿（179-251）父子手中。唐代的尚書令和中書令都屬宰相級的高官。

清代的內閣中書則是中下級官員。

此外還有「中書科」（圖四，卯；第一列「中書科」），亦從屬於「內閣」。「中書科中書」（《陞官圖》簡稱「中中」）與「內閣中書」（《陞官圖》簡稱「閣中」）官品相同（從七品）。「內閣中書」負責起草和翻譯（滿漢互譯）文件。「中書科中書」則負責抄寫「誥」（原是上級通報下級的文件，後世專用作君主諭令臣下的文體）和「敕」（原是帶有告誡意味的命令，後世也解作帝皇的詔書）等正式文件。

此下再介紹「內廷」（圖四，卯；第二列）。

中國讀書人都知道有所謂「朝廷」，那是對中央政府的統稱。其實可以再細分為「外朝」和「內廷」。

「外朝」，指宰相與他的僚屬處理國政的地方；「內廷」則是皇帝生活起居的地方。

皇帝可以召外朝的官員入皇宮為皇帝辦事。

此下一一簡介本版《陞官圖》中「內廷」的官職。

「上書房教習」，本版《陞官圖》簡稱為「上書房」。雍正年間建「上書房」於乾清門旁，皇子六歲時入上書房讀書，常以大學士為

「上書房總師傅」。「總師傅」的「助教」稱為「上書房行走」，「行走」解作「供人差使」的意思。「上書房教習」，即是當皇子的老師。清末名臣翁同龢（1830-1904），咸豐六年狀元，他是兩代「帝師」。因為同治帝、光緒帝都在幼年登位，所以仍要好好讀書。此前只有順治、康熙兩帝同為稚齡繼位；之後還有宣統帝，其餘皇帝都是成年後才繼位。翁同龢的父親翁心存（1791-1862）曾任「上書房總師傅」，是咸豐帝（1831-1861）、恭親王奕訢（1833-1898）的師傅。

「南書房侍直」，本版《陞官圖》簡稱為「南書房」。

「南書房」設於康熙十六年（1677），直至光緒二十四年（1898）裁撤。「南書房」鄰近乾清宮，最初是康熙帝讀書的地方，為了與有學問的翰林研討學問，命官員入值。「南書房侍直」中的「侍直」，指「侍候值班」。又有所謂「南書房行走」的說法。因為得以接近皇帝，「南書房行走」的官員對於皇帝的決策常有影響力。詩人查慎行（1650-1727）、文學家方苞（1668-1749）都在康熙朝入值過南書房。雍正朝設立「軍機處」，南書房的翰林就不再參預政務。

「經筵講官」（圖四，卯；第二列「經筵講官」），本版《陞官圖》簡稱「經筵」。「經筵」本是皇帝聽文學侍從官員講述經義和歷史的地方。「經筵講官」即是負責為皇帝講經史的官員，本版《陞官圖》參考《清史稿・職官志》將「經筵講官」分為「一二品」和「三四品」兩類。

「經筵日講起居注官」（圖四，卯；第二列「內廷」），本版《陞官圖》簡稱「起居注」。《起居注》是歷代史官每日紀錄皇帝言行的歷史紀錄。康熙初年設「起居注館」，命「經筵講官」兼任「起居注官」。因為「日講」（每日講課）不常進行，「經筵日講起居注官」只專門負責編錄《起居注》。

「內廷主事」（圖四，卯；第二列「內廷」），負責管理文件。

「軍機處」（圖四，卯；第一列「軍機處」）設於雍正朝，全名「辦理軍機事務處」。最初因雍正帝對西北用兵，為免軍事機密外洩而成立。乾隆朝以後，成為中央政府的權力中心。

清初，順治朝在「議政王大臣會議」，康熙朝轉到「南書房」，雍正朝起轉到「軍機處」，直至清末。「軍機處」成立以後，「議政王大臣會議」名存實亡，乾隆末年正式廢除。

「三興版」《陞官圖》不重視「軍機處」，本版《陞官圖》既以乾隆末年的實況為修訂標準，於是大幅提升「軍機處」的地位。

「軍機處」原本是個臨時機構，官員都以原本的官職兼任「軍機處」的工作。分為「軍機大臣」和「軍機章京」兩類。

「軍機大臣」無定額，三人至十餘人不等，全部由皇帝任命，較多是親王，以及大學士，尚書，侍郎等一二品京官，間中也有品級更低的官員。地位最高的稱為「首席軍機大臣」或「領班軍機大臣」，其餘或稱「軍機大臣上行走」，資歷淺的加「學習」兩字。「軍機大臣」等於是皇帝的最高級「顧問」，「大學士」雖然常被敬稱為「宰

相」、「閣老」，如果不兼任「軍機大臣」，也不能預聞軍國大事。

　　《清史稿・職官志》：「軍機大臣，掌軍國大政，以贊機務。常日侍直，應對獻替，巡幸亦如之。」可見軍機大臣的工作非常繁忙吃重。「軍機大臣」不是一個「官職」而是一件「差事」，甚至沒有特定的工作範圍，一切都由皇帝決定。因此，「軍機處」的制度非常便利君主獨裁集權。

　　「軍機章京」則由中級官員擔任，負責「軍機處」的文書支援。

　　「欽差」（圖四，卯；第一列）是皇帝指派擔任特別大任務，當中以「經略大臣」的權力最大，「三興版」作「軍略大臣」，本版改正。

第九節　六部：吏、戶、禮、兵、刑、工（附大學士管部）

　　吏、戶、禮、兵、刑、工六部（圖五，辰；圖六，巳）是清代中央官制中，名義上負責最多實務的衙門。規定尚書，左、右侍郎，都是滿漢各一人。尚書、侍郎是「堂官」，一般認為近似現代的正部長和副部長。因為清室實行「種族政策」，六部雖然都是「滿尚書」、「漢尚書」並列，一般情況下「滿尚書」的權位都比「漢尚書」高。可以說分別是「首席部長」和「次席部長」。

　　各部都有一些處理日常事務的官員，例如「堂主事」、「司務廳

司務」負責管理部門的文書，「七品小京官」，「繕本筆帖式」負責翻譯。滿洲本來沒有文字，後來借用蒙古文創製滿洲文，清初中央政府各個衙有大量翻譯需要。

六部各有若干「清吏司」，各有「郎中」（正五品，略相當於今天的「司長」）、「員外郎」（從五品，簡稱「員外」，略相當於「副司長」）和「主事」（正六品）。明代的「清吏司」一般只有一個郎中、一個員外郎，編制較為精簡。此外又有所謂「學習行走」、「額外司員」（郎中、員外、主事都屬「司員」）。

清代六部的官員名額遠超明代，現以吏部為例介紹，增添讀者趣味：

吏部官員	明	清
尚書	1	2
侍郎	2	4
郎中	4	15
員外郎	4	16
主事	4	18
司務廳司務	2	2
筆帖式	0	86
額外司員 七品小京官 （學習行走）	不設	無定員

表九：明清兩代吏部官員編制比較

「筆帖式」是清代特有的官職，專門負責滿漢雙語對譯和文書抄寫等工作，屬於「滿缺」，必須「滿族」或「旗籍」方可擔任（為簡化遊戲，《陞官圖》涉及的「滿缺」其實包括「滿洲八旗」、「蒙古

八旗」和「漢軍八旗」）。因為清室以異族入主中國，以「滿語」為「國語」，但是經濟文化等領域必須用漢人和漢語，所以需要大量滿漢雙語對譯。中葉以後，滿文滿語實際使用日減，但是筆帖式的官職仍然保留。

「筆帖式」、「額外司員」、「七品小京官」、「司務廳司務」等職位在中央政府許多部門都設有。《陞官圖》為減省篇幅，另設「各部院」（圖六，巳；第一列「各部院」）一欄，將原本分散在各部、各院、各府、各寺的相關官職全部放在一起。

「大學士管部」，指雍正初年開始，命「大學士」領導「六部」的日常事務。於是乎六部除了兩尚書四侍郎之外，還多了一個「太上部長」！

此外，其他部門亦在原來的長官之上添加「管部」大臣。

「理藩院」有「管理院務大臣」，由「滿大學士」擔任。

「太常寺」、「太僕寺」、「光祿寺」、「鴻臚寺」都設「管理寺事大臣」。

「國子監」有「管理監事大臣」。

「欽天監」有「管理監事王大臣」。

「太醫院」有「管理院事王大臣」。

「都察院」、「通政使司」、「大理寺」、「詹事府」都沒有再加「管理」大臣。

民間對六部尚書各有不同的敬稱。

「吏部尚書」是「冢宰」。

「戶部尚書」是「大司農」。

「禮部尚書」是「大宗伯」。

「兵部尚書」是「大司馬」。

「刑部尚書」是「大司寇」。

「工部尚書」是「大司空」。

「吏部」（圖五，辰；第一列）負責文職官員任免和升降的管理，在現代相當於「文官管理部」。雍正朝成立「軍機處」之後，「吏部」對於高級官員任免不再有參與權。

「吏部」有四「清吏司」，《陞官圖》遊戲不再區分，簡介如下，以添趣味。

「文選司」，負責文官的任命和升遷。

「考功司」，負責文官考績，如京官的「京察」（圖五，辰；第一列「京察」），外官的「大計」（圖十一，戌；第二列「大計」），以及官員的「處分」（圖十一，戌；第三列「處分」）等等。

「驗封司」，負責廕敘（高級官員及殉職官員的子孫可以獲得官職）、封贈（封贈現職和已死官員，給予不同的榮銜）等。

「稽勳司」，負責官員勳級、京官俸祿的管理。

本版《陞官圖》在「吏部」有「候選知縣」和「大挑舉人」兩

欄，「三興版」放在不同位置，本版參考清代實際情況轉移。

「候選知縣」是具有出任地方官「知縣」（圖十一，戌；第一列「縣」）資格的人，由「吏部」決定授官的次序。

「大挑舉人」則是參加科舉並已獲得「舉人」（圖二，丑；第二列「鄉試」。「解元」、「經魁」亦是「舉人」，不過考試成績名列前茅）資格的讀書人，而多次考「會試」不成，由「吏部」挑選授官。

「戶部」（圖五，辰；第二列）負責國家開支，略等於現代的「財務部」、「稅務部」、「戶口統計部」合併在一起。「戶部」又兼管北京附近的糧倉和全國鹽稅。「戶部」在隋代本稱「民部」，唐代因避唐太宗李世民諱，改名「戶部」。

「戶部」有十四「清吏司」，負責各省區的財務和稅務，包括：江南（包括江蘇、安徽兩省）、江西、浙江、湖廣（包括湖南、湖北兩省）、福建、山東、山西、河南、陝西、四川、廣東、廣西、雲南和貴州。各司除了負責本省之外，還分攤中央各部門的財務稅務工作。

「寶泉局」，負責鑄造銅錢，戶部右侍郎兼管，另設「監督」。

「銀庫」、「緞疋庫」、「顏料庫」，合稱「三庫」，設有「司庫」（正七品）。由「管理三庫大臣」一併管理。

「倉場」，長官是「總督倉場右侍郎」，「三興版」《陞官圖》作「倉督」，不確，本版回復原貌。轄下有「通州坐糧廳」和若干

「糧倉」,《陞官圖》中的「坐糧廳」、「各倉監督」即是相關的差事。因為北京地區人口眾多,糧食生產不足,要由南方長江流域運送食米到京,故此須要足夠的倉庫儲糧。

「禮部」(圖五,辰;第三列)負責「學校教育」、「科舉取士」和「五禮」,即吉禮、凶禮、賓禮、軍禮、嘉禮。「禮部」相當於現代「考試院」(舉辦公開的高級公務員資格考試)和「禮儀部」的混合。

「吉禮」是皇帝及皇家主要成員的婚禮、生辰等慶典,以及恆常的節日祭祀。

「凶禮」是皇帝及皇家主要成員的喪禮。

「賓禮」是接待藩屬的禮儀。中國古代對鄰國沒有平行外交關係的觀念,所以「賓禮」只處理藩屬朝貢和中朝向藩屬頒授爵位等事務。

「軍禮」是軍隊出征與訓練的禮儀。

「嘉禮」是與國民有關的親民禮儀(包括科舉)。

「禮部」有四「清吏司」。

「儀制司」負責「嘉禮」和「軍禮」,「嘉禮」包括科舉。

「祠祭司」負責「吉禮」和「凶禮」,包括大臣請葬祭、求贈諡等。這方面的工作與「太常寺」有重疊。

「主客司」負責「賓禮」,即藩屬朝貢等事。這方面工作與「鴻

臚寺」有重疊。

「精膳司」負責五禮相關的宴會和飲食安排。這方面工作與「光祿寺」有重疊。

「鑄印局」,「三興版」《陞官圖》簡稱為「印局」(有不了解清代官制的論者以為印局負責印刷!),主要負責鑄造和銷毀各部門的日常使用的印信。

「會同四譯館」,「三興版」《陞官圖》以「館卿」領導這個衙門,不確。按實際體制,由「滿洲稽察大臣」管理,由各部院司寺的堂官中簡派。而實際日常工作的是「提督館事兼鴻臚寺少卿」,例由「禮部郎中」補選。本版《陞官圖》據此改動。「會同四譯館」負責翻譯遠方朝貢文字,包括緬甸、暹羅、回回等國,又設「朝鮮通事官」,本版只保留「大使」(正九品)和「序班」(從九品)。

「樂部」,主管為「典樂大臣」,多由尚書、侍郎或內務府大臣兼理。又有「管理大臣」,以知悉音樂的滿洲王大臣兼理。「樂部」轄下還有「神樂署」,本版不錄。只留「樂部典樂大臣」。

「兵部」負責「軍政」,近似現代「戰爭部」(或稱「國防部」)、「軍需部」和「武官管理部」的混合。
「兵部」有四「清吏司」。

「武選司」負責武職的選授、陞調、品級、封贈、襲廕等事務。

「車駕司」負責牧馬政令和設置驛站。

「職方司」負責各省的輿圖和軍政，略等於現代的「國家軍事圖書館」。

「武庫司」負責兵籍、戎器、鄉會武科、編發和戍軍等。

「馬館」，負責京師的驛傳。又名「會同館」，不可與禮部的「會同四驛館」混淆。

「刑部」（圖六，巳；第二列）負責「刑獄」（處理各級訴訟）和「法律」（整理和更新法例），各省的法律事務理論上都由「刑部」管，有點似現代的「法務部」。

「刑部」共十七「清吏司」，比「戶部」十四司多出直隸（轄地比今天河北省略大）和奉天（轄地包括今天東三省），還有江蘇司、安徽司分設，不同戶部合為江南司。

「督捕清吏司」，處理八旗旗人及各省逃亡，略等於國家級的警察，不過只是名義上如此，實際鞭長莫及。

「提牢廳」和「司獄」負責「刑部」直接管理的監獄。

「贓罰庫」負掌整理貪污官員的贓款，送交戶部。

「律例館」負責定期修改條例。

民間常講的「三司會審」，即是「刑部」、「大理寺」和「都察院」聯席審訊，有所謂「小三法司」和「大三法司」。「三小法司」由三個部門的中級官員會審；「大三法司」則由三個部門的長官會

審,即「刑部」的尚書、侍郎;「大理寺」的「卿」、「少卿」和「都察院」的「左都御史」、「左副都御史」參與。

「工部」略等於現代「工務部」、「水利部」、「器具生產及管理部」和「能源部」的綜合體。

「工部」有四「清吏司」。

「營繕司」負責各種營造建築,徵收木稅和葦稅。

「虞衡司」負責官方山澤的採捕,製陶和冶金等器用。

「都水司」負責管理河渠舟航,道路關梁,伐冰(供皇室在夏天是製冷之用)和壇廟的器用。

「屯田司」負責修建皇陵和王公百官的墳塋,遇大祭祀供應薪炭和文武百官每年該領用的薪炭。

「製造庫」負責銀工、鍍工、皮工、繡工和甲工等五種工藝。

「節慎庫」負責公帑的收藏和出納。

「寶源局」負責鑄錢,設「監督」。並由「工部右侍郎」兼管,職能與「戶部寶泉局」相同。換言之,「戶部」和「工部」同時負責鑄錢。

第十節　宗人府

「宗人府」（圖三，寅；第三列）負責修輯皇族屬籍的玉牒，記錄皇族成員的生卒、婚嫁和官爵、諡號等。長官有「宗令」，左、右「宗正」，左、右「宗人」，各一人，由宗室王公出任。三興版《陞官圖》不涉及宗室，所以不錄以上官職，容易令人誤會「丞」是長官（正三品，例用漢人）。

「宗人府」的屬官原本跟六部相同，但六部原來的「理事官」和「副理事官」都分別改為「郎中」和「員外郎」，唯有「宗人府」不改。

第十一節　翰林院與詹事府

「翰林院」（圖四，卯；第三列）是儲才之地，地位似今天「中央歷史院」之類，負責修官方正史，這不等於現代專門負責「歷史研究」的學術單位。此外，「翰林院」亦有「高級公務員培訓學院」的職能。除了「狀元」、「榜眼」、「探花」直接授官「修撰」和「編修」之外，其餘「進士」都要入「翰林院」當「庶吉士」學習三年。「庶吉士」完成有關課程稱為「散館」，成績優異的可以繼續在「翰林院」任「編修」、「檢討」等職。凡是「檢討」以上都屬「翰林」。

「翰林」又是「文學侍從」（「從」在此廣府話讀如「仲」，不

讀如「蟲」）之官，即是在皇帝身邊負責講論文學和起草文書的工作。

「翰林院」的長官是正二品的「掌院學士」（《陞官圖》簡稱「掌院」），但是這個職位都是兼職，「三興版」《陞官圖》不標示官品，當為一件差事。「教習庶吉士」（《陞官圖》簡稱「教庶」），則是在「翰林院」就讀「庶吉士」的老師。「翰林院」其他官員如「侍讀學士」、「侍講學士」、「侍讀」、「侍講」等，都有陪伴皇帝讀書講學的意思。

「詹事府」（圖三，寅；第三列）原本是「東宮」（太子的代稱）屬官，即俗語所謂「陪太子讀書」的部門。長官是「詹事」（「三興版」《陞官圖》作「正詹」，本版改正回原貌），次官是「少詹事」。另外「左春坊」，有「左庶子」、「左中允」和「左贊善」；「右春坊」，有「右庶子」、「右中允」、「右贊善」。還有「洗馬」（屬「詹事府」轄下的「司經局」），原本是「先馬」，「太子先馬」是指太子外出時，由「太子先馬」在前頭開路引路，不是為太子「洗馬」

因為清代長時期不立太子，「詹事府」無事可幹，安置「翰林官」陞官的職位。

「翰詹」是「翰林院」和「詹事府」的中高級官員的合稱。

「大考」（圖四，卯；第三列）是專為「翰詹」而設的考核。

第十二節　理藩院、都察院、通政使司

　　「理藩院」的編制與六部相同，但全部官員都是「滿缺」。「理藩院」的職能可以理解為「蒙、回、藏事務部」，負責今天內外蒙古、新疆（清初稱為「回部」）和西藏的管理事務。

　　「理藩院」有六「清吏司」，分別是「旗籍」、「王會」、「柔遠」、「典屬」、「徠遠」、「理刑」等司。除了「理刑司」負責處理蒙、回、藏各部的刑獄爭訟之外，其餘五司只是按地域來劃分管轄範圍。事實上，清代對蒙、回、藏各部都用懷柔政治，給予地方領袖相當高的管治實權。

　　「都察院」（圖七，午；第一列）近似現代的「監察院」，主要負責監察各級官員。長官是「左都御史」，次官是「左副都御史」。「右都御史」是地方長官「總督」的「坐銜」（即是必然兼的官銜），「右副都御史」是「巡撫」的「坐銜」。又有十五道「監察御史」，負責彈核所管的道和特定中央部門。這十五道中，十四道的地域與戶部十四司相同，再加「京畿道」負責「直隸」和「盛京」（東三省）。

　　「六科給事中」，「六科」即吏、戶、禮、兵、刑、工。「給事中」名義上掌管言職，有封駁權，在清代已經變為官階不高的中級官員。

　　「五城兵馬指揮司」，簡稱「兵馬司」，掌管京師五城的治安和

消防工作。長官為「指揮」（「三興版」《陞官圖》作「正揮」，現改正），次官為「副指揮」。

「通政使司」（圖七，午；第一列），簡稱「通政司」，略相當於現代的「郵傳部」、「信息部」、「申冤部」的綜合體。負責接收各省的奏章文書，轉送內閣，如果文書格式不當，可以彈核有關官員。名義上也接受申冤告狀。長官是「通政使」，次官是「通政副使」。

第十三節　大理、太常、太僕、光祿、鴻臚五寺

五寺的長官為「卿」（「三興版」《陞官圖》作「正卿」，現改正），次官為「少卿」。

「大理寺」略相當於「上訴法院」。

「太常寺」略相當於「祭祀部」，實際上隸屬「禮部」。

「太僕寺」略相當於「陸路交通部」、「官馬管理部」、「機動部隊騎兵後勤部」的綜合體，實際上隸屬「兵部」。

「光祿寺」略相當於「皇家宴會部」。

「鴻臚寺」略相當於「夷務部」、「藩屬事務部」，事實上隸屬「禮部」。

五寺的屬官介紹從略。

第十四節　國子監、欽天監與太醫院

「國子監」（圖八，未；第三列）略相當於「國立中央大學」，長官是「祭酒」，次官是「司業」。「祭酒」原本是古時禮儀，在祭祀或宴會時，由德高望重的人負責以酒祭神。現代「祭酒」可以作為對某個領域入面出類拔萃人物的敬稱，如「文壇祭酒」就是文壇的領袖人物。

「監生」（圖二，丑；第三列「出身」）是在「國子監」讀書，或有資格在「國子監」讀書的身份。「監生」可以參加「鄉試」。「監生」可以是父祖曾任高官或因職殉國而獲取，或是「捐納」（即是付錢給政府買得資格）。民國時代大總統徐世昌（1855-1939）即是在清末得到後來民國第一任大總統袁世凱（1859-1916）的資助，捐得「國子監監生」的資格而參加「順天府鄉試」，得以考到「舉人」資格，此後平步青雲，當過總督和尚書。

「貢生」（圖八，未；第三列「國子監」）是由地方學校挑選學行俱優的「生員」（圖二，丑；第三列「出身」）到京師升學（入「國子監」）。

「太醫院」略相當於現代的「醫務部」，負責管理全國的醫學教育，以及皇家成員的醫療保健。長官是「院使」，次官是「院判」，屬官有「御醫」、「吏目」等。另設「管理院事王大臣」一人，《陞官圖》不載。

「欽天監」略相當於現代的「天文臺」和「術數堪輿部」的綜合體，負責制定曆法、觀測天象和為皇家大事擇日，並管理全國的術數堪輿教育及從業員（風水師、算命師等）。長官是「監正」，次官是「監副」，有「時憲科」、「漏刻科」和「天文科」。另設「管理監事王大臣」一人，《陞官圖》不載。

第十五節　內務府

「內務府」負責管理皇家的生活所需。設「總管大臣」（簡稱「總管」）多名，「正二品」，但都是由王公大臣兼任。「三興版」以「會同四譯館」的「館卿」（正四品）作為升任「內務府總管」（不載官品）的途徑。本版《陞官圖》以「會同四譯館館卿」並無其職之故，刪去。為令遊戲得以合理進行，補入「正三品」的「圍場總管」與「正四品」的「熱河總管」兩職，都是從屬於「內務府」的官職。

「內務府」設六司，由「郎中」、「員外郎」、「主事」等人負責，都是「滿缺」。其餘官職從略。「內務府」屬下的「上駟院」、「武備院」和「奉宸院」亦不載。

第三章 《陞官圖》與清代地方官制

第一節 行省制

秦始皇統一中國之後，地方政制實行郡縣兩級制，最初全國只有三十六郡。歷代屢有沿革。到了清代，地方最大行政區叫「行省」，下設道、府、州、縣等。

「省」原本是中央政府的機構，如唐代的尚書省、中書省、門下省等。現在日本仍然稱中央的大部門為省，如「財務省」、「法務省」等。元代中央不設尚書省、門下省，只剩下中書省。地方最高行政機關是「行中書省」，即是「行動的中書省」，由中央直接管治地方。到清代就簡稱為「省」、「行省」或「直省」。「省」的名稱，後來中華民國、中華人民共和國相繼沿用，現時中國各省的範圍和名稱，基本上承繼清代。清代「直隸省」到了1928年才改名為河北省，今天河北省轄地的範圍比清代的直隸省為狹。

第二節 地方武官：旗營與綠營

四散《陞官圖》不包括武官體系，在此簡介一下地方武官制度。

清代前期兵制，分為「旗營」和「綠營」兩大體系。

「駐防八旗」是派到地方去監控漢人的軍隊，長官有「駐防將軍」（簡稱「將軍」）和「駐防都統」，二者都是從一品。以「廣州

駐防將軍」（簡稱「廣州將軍」）為例，他的「班列」（即官員的排名次序）還在「兩廣總督」之上。廣東地區的旗人都歸「廣州將軍」管轄，名義上廣東全省的綠營兵都受「廣州將軍」節制。

「綠營」是滿清入關之後，招募明室降兵和漢人新兵組成的軍隊，名義上獨立於八旗，最高長官是「提督軍務總兵官」（簡稱「提督」，敬稱「軍門」，從一品）。下設「鎮守總兵官」（簡稱「總兵」，正二品，掌管的軍事單位稱「鎮」，民國後演化為「師」）、「副將」（從二品，掌管「協」，民國後演化為「旅」）、「參將」（正三品，掌管「營」）、「游擊」（從三品）、「都司」（正四品）、「守備」（正五品）、「千總」（正六品）、「把總」（正七品）等官。

第三節　正印官和佐貳官

地方官還有分「正印官」和「佐貳官」。

地方行政單位的長官都是「正印官」，如「府」的「知府」；「知」的「知州」和「縣」的「知縣」。「正印官」的屬官都是「佐貳官」，例如「同知」、「通判」等，品級比「知縣」高，但實際陞遷機會低得多。

不過《陞官圖》的遊戲不反映這個政治現實。

第四節 京府（附京縣）

　　清代有兩「京府」（圖十，酉；第一列），即首都的「北京順天府」和瀋陽舊都的「盛京奉天府」。雖然同樣稱為府，但地位比其他外府（見下文）為高。

　　「順天府」的長官是「尹」，次官是「丞」，限定用漢人。「三興版」《陞官圖》稱為「府尹」和「府丞」。「尹」正確的官名是「順天府尹」而不是「順天府府尹」；「丞」的正確官名也是「順天府丞」而不是「順天府府丞」。有人認為「順天府尹」等於「首都北京市市長」，實際上不宜以現代西方制度類比。而且順天府還有一個「兼管府尹事大臣」，由大學士、尚書、侍郎之內「特簡」（簡在此解作挑選），有似於「太上市長」，但是在《陞官圖》未有反映這個兼職。「順天府鄉試」例由「尹」擔任「監臨官」。

　　「奉天府」亦有「兼管府尹事大臣」，最初由「盛京五部侍郎」內特簡，後來歸「盛京駐防將軍」兼管。「尹」用滿人，「丞」用漢人。

　　「京府」的屬官如四路廳「同知」、「通判」、「經歷」、「照磨」等，與普通「府」相同。

　　「京縣」（圖十一，戌；第一列「縣」）是直接隸屬兩京府的縣，長官「知縣」正六品，比「外縣知縣」的正七品高了兩級。本版《陞官圖》仍然按照「三興版」的慣例，將「京縣」和「外縣」合在

一欄。全國京縣有三,「順天府」屬下有大興、宛平兩京縣;奉天府屬下有承德縣一京縣。一九三七年日本侵華,爆發「七七蘆溝橋事變」,蘆溝橋就原屬宛平縣。承德縣有著名的避暑山莊,是清代帝皇的夏宮。

第五節　總督（附河督、漕督）、巡撫

「總督」和「巡撫」是清代省級地方長官。

「總督」管一至三省,如「四川總督」管一省;「兩廣總督」管廣東、廣西兩省;「兩江總督」管江蘇、安徽和江西三省。「巡撫」則管一省。「巡撫」略相當於後世的「省長」,「總督」則有些算是「超級省長」。

個別「總督」和「巡撫」之間有直轄上司下屬的關係。另外也有「巡撫」上面沒有管他的「總督」,這樣的巡撫例兼提督銜。「總督」和「巡撫」這兩個職位都管理省級的軍政、民政,以及省內文武官員的考核和任免。

以下用實例解釋這兩個官名的內涵。

「直隸總督」是簡稱,《清史稿》介紹正式官名為「總督直隸等處地方提督軍務糧餉管理河道兼巡撫事」,事實上官名因時而異,上例斷句後可知全部職務包括:

（一）總督直隸等處地方

（二）提督軍務、糧餉

（三）管理河道

（四）兼巡撫事

「總督」是「總管督理」，「提督」是「提調督理」，「巡撫」是「巡方撫民」。

習慣上，下屬和平民對總督敬稱為「制台」、「制軍」或「督台」。

凡總督都兼「都察院右都御史」銜，亦可能兼「兵部尚書」銜。兼尚書銜的為從一品，不兼的為正二品。《陞官圖》一律作從一品。

又如「兩廣總督」，清中後期的全名是「總督兩廣等處地方提督軍務糧餉兼巡撫事」，職務可細分為：

（一）總督兩廣等處地方

（二）提督軍務、糧餉

（三）兼巡撫事

珠江流域向來無水患，所以兩廣總督不必如直隸總督那樣「管理河道」。

「總督」雖然是「超級省長」，制度上他沒有中級官員作為直接下屬，但是可以節制各下級衙門的官員。清代的地方大官都要自費聘有「幕僚」，這就沒有納入《陞官圖》中。

「總督」有「巡捕」（圖九，申；第一列「督院」）作為隨從。「文巡捕」負責傳遞命令消息，由本省佐雜官員擔任。「武巡捕」負責護衛，由低級武官擔任。

　　此外還有「河道總督」（圖九，申；第一列「河院」，簡稱「河督」）和「漕運總督」（圖九，申；第一列「漕院」，簡稱「漕督」）。二者都兼「都察院右副都御史」銜，正二品。「河督」和「漕督」一般不兼「兵部尚書」銜，本版《陞官圖》一律作從一品。

　　「河督」有「總督直隸河道」，簡稱「北河總督」，後來省置，由「直隸總督」兼任。又有「總督江南河道」（簡稱「南河總督」）和「總督河南山東河道」（簡稱「東河總督」）。「河督」負責治理河道，防止水患。

　　「漕督」只有一人，負責管理「漕運」，即是將南方的米糧運到北京，以供皇室和北京官民日用。

　　「河督」和「漕督」都有一些地方官作為屬官，「三興版」《陞官圖》只載「河督」的屬官而不載「漕督」的屬官，本版一仍其舊，只是「督糧道」移到「漕院」。

　　此下介紹「巡撫」（圖九，申；第二列「撫院」）。

　　如「山東巡撫」，全名是「巡撫山東等處地方提督軍務糧餉兼理營田」。他沒有總督作上司，職務包括：

（一）巡撫山東等處地方

（二）提督軍務、糧餉

（三）兼理營田

　　又如「浙江巡撫」，全名是「巡撫浙江等處地方提督軍務節制水陸各鎮兼理糧餉」，負責：

（一）巡撫浙江等處地方

（二）提督軍務、節制水陸各鎮

（三）兼理糧餉

「浙江巡撫」有「閩浙總督」做上司，不過「閩督」駐在福建福州而「浙撫」駐在浙江杭州，所以「浙撫」仍有較大自主權。

又如「廣東巡撫」，全名是「巡撫廣東等處地方提督軍務兼理糧餉」，職務包括：

（一）巡撫廣東等處地方

（二）提督軍務

（三）兼理糧餉

但是「廣東巡撫」有「兩廣總督」作為上司，而且同駐廣州，所以「粵撫」（「廣東巡撫」的簡稱）屬於所謂「同城巡撫」（與「總督」上司同城辦公），其實無事可幹。

「巡撫」一般被敬稱為「撫台」、「中憲」等。巡撫例兼「都察院右副都御史」銜，又可兼「兵部侍郎」銜。兼侍郎者正二品，不兼者從二品。

「巡撫」亦有「巡捕」。「總督」的「巡捕」簡稱「督巡」。「巡撫」的「巡捕」簡稱「撫巡」。

第六節　布政、按察、鹽運三司

　　地方政府第一級是「省級」，以下第二級是「司級」，共有三種司級衙門。

　　一是「承宣布政使司」（圖九，申；第二列。簡稱「布政使司」或「布政司」，這是衙門名，不是官職名），長官是「布政使」，從二品，官場民間敬稱為「藩司」、「藩台」。主要管一省財政，亦兼負責溝通上級下屬。

　　二是「提刑按察使司」（圖九，申；第二列。簡稱「按察使司」或「按察司」，這也是衙門名），長官是「按察使」，正三品，主要管一省刑名，亦兼負責溝通上司下屬。

　　三是「都轉鹽運使司」，長官是「鹽運使」，從三品。負責一省（或一區）鹽政。清代只在直隸、奉天、山東、四川和廣東五個直省設「鹽運使」。另外還有「兩淮鹽運使」和「兩浙鹽運使」，分別管江蘇、浙江兩省產鹽區的鹽政。其他直省多設有「鹽法道」（正四品）或更低級的鹽官。

第七節　道

　　乾隆十八年，地方政制有重大改變，在司以下，府以上的「道級」，劃一「道員」為正四品。

　　由「布政使司」管的叫「分守道」（簡稱「守道」），由「按察

使司」管的叫「分巡道」（簡稱「巡道」）。

此外還有「河工道」（簡稱「河道」，移到「河院」），「督糧道」（簡稱「糧道」，移到「漕院」），「鹽法道」（簡稱「鹽道」）和「兵備道」（簡稱「兵道」，本版《陞官圖》刪）。

第八節　府

清代全國有二百多個「府」（圖十，酉；第二列），分別隸屬「布政使」、「道」或「將軍」（八旗駐防，本版《陞官圖》不載）。

「府」的長官是「知府」。

「三興版」《陞官圖》有「煩府」和「簡府」的名目，本版更正為「繁府知府」和「簡府知府」。「縣」的「煩縣」和「簡縣」亦更正為「繁縣知縣」和「簡縣知縣」。

清制於地方政區，用四字考語來評定管治的難易程度，稱為衝、繁、疲、難。

「衝」，指交通要衝。因為經常要接待過境的上級官員，長官要錢要吃要人，自然加重地方政府的負擔。

「繁」，指政事繁多。

「疲」，指民生疲罷，經常欠稅。

「難」，指民風慓悍，命案和盜賊較多，居民難治。

四字齊的的稱為「最要缺」，三字為「要缺」，兩字為「中

缺」，一字或無為「簡缺」。

《陞官圖》根據這個慣例，只將「府」和「縣」分為「繁缺」和「簡缺」，其實「道」、「州」和「廳」亦有衝、繁、疲、難。

以廣東為例，首府「廣州府」和首縣「南海縣」都是四字齊的「最要缺」；「從化縣」、「龍門縣」、「增城縣」和「花縣」則是「簡缺」。香港地區原屬「新安縣」，「新安縣」是疲、難的「中缺」。

「知府」其實亦是簡稱，如「廣州知府」的正式名稱應為「知廣州府事」，當中的「知」解作掌管和主持。「廣州知府」就是掌管和主持「廣州府」的所有事務。

「知事」兩字連用，又是另一回事。「府」之下有「知事」（正九品），中央政府的「都察院」（圖七，午；第一列）也有「知事」（正七品）。直至今天，日本仍沿用「知事」這個中國古代的名詞，例如我們日常俗稱「東京市長」的職位，其正式名稱的日文漢字就是「東京都知事」。

「知府」以下的屬官有「同知」，「通判」等。「廣州府同知」就是「同知廣州府事」，一同掌管主持之意。

第九節　州、廳

「府」之下有「州」，全國共百多個「州」。有「直隸州」（圖十，酉；第二列）和「散州」（圖十，酉；第三列「州」）。長官是

「知州」。「直隸州」的「知州」是正五品，「散州」的「知州」則是從五品。

「知州」的屬官有「州同」、「州判」，等於「州的同知」和「州的通判」，職務近似「府」的「同知」和「通判」。

此外又有「廳」，亦分「直隸廳」（圖十，酉；第三列）和「散廳」（《陞官圖》不載），長官是「同知」

「直隸州」和「直隸廳」都是直接向上一級的「道」或再上一級的「布政司」負責和報告。「散州」、「散廳」則與「縣」一樣隸屬於「府」。

第十節　縣

「縣」（圖十一，戌；第一列）是清代地方政制最基本的行政單位，全國共一千三百多個縣。長官是「知縣」。屬官有「縣丞」、「主簿」、「典史」等。

本版《陞官圖》將「京縣」和普通「知縣」合在一欄。

第十一節　學政與地方儒學

「提督學政」（圖十，酉；第一列「學院」），簡稱「學政」，管一省教育。省的鄉試和各級學院考試都歸他管，同時負責考核學生，也考核教員。「學政」必用「進士」，名義上地位與「總督」、

「巡撫」平衡，仍用原來中央的官銜。因此「學政」是差事，不是官職。三年一任，任滿回任原官。因為官位通常跟「總督」、「巡撫」差了一大截，所以一般不會真的將督、撫當為平級。

地方的「官立」學校稱為「儒學」，有「府儒學」、「州儒學」、「縣儒學」等。「府儒學」有「教授」；「州儒學」有「學正」；「縣儒學」有「教諭」，近似今天的「校長」。另外各儒學都設「訓導」，似副校長。

地方儒學的學生稱為「生員」（圖二，丑；第三列「出身」），俗稱「秀才」。「生員」有幾類。「廩食生員」（簡稱「廩生」）可以得到政府津貼食米；「增廣生員」簡稱「增生」；「附學生員」簡稱「附生」（本版不載）。「生員」可以參加「鄉試」。

地方讀書人未考得「生員」資格前，叫「童生」（圖二，丑；第三列「出身」），考得「生員」資格叫「進學」。「生員」在地方儒學就讀，經常被考核，可以升級降級。升為「廩生」可以獲發米，從「廩生」降下來則停發廩米。「生員」還可以升為「貢生」（圖二，丑；第三列「貢生」），派到「國子監」讀書。如「優貢生」（圖八，未；第三列「國子監」）等。

許多香港人在中學時期都讀過一篇《范進中舉》，那是節錄自吳敬梓《儒林外史》第三回〈周學道校士拔真才，胡屠戶行兇鬧捷報〉。文中的主角范進五十幾歲還是「童生」，後來得以「進學」，再「中舉」。還開心到一時精神失常！

第十二節 廣東地方官制與香港

為加深了解清代地方官制的五級，現以香港地區為例，略加介紹，以饗讀者。

香港地區在清代原屬「廣東省」的「新安縣」；新安縣屬「廣州府」；廣州府屬「廣肇羅道」；廣肇羅道為「分巡道」，屬「按察使司」。

廣東地區「省級」官有「兩廣總督」（原駐肇慶，乾隆初年移駐廣州），「廣東巡撫」（駐廣州）和「廣西巡撫」（駐桂林）。「兩廣總督」管廣東、廣西兩省；「廣東巡撫」因為與上司同駐廣州，即所謂「同城巡撫」，是個有名無實、無事可幹的官。「廣西巡撫」名義上受「兩廣總督」節制，但有相當自主權，實際權責基本上跟「兩廣總督」沒有差異，只是轄區不同。

清末廣東省共領六道，九府，七直隸廳，四散州，一散廳，七十九縣。無直隸州。

「司級」除了「布政使」和「按察使」之外，廣東省亦設「鹽運使」。但「廣東鹽運使」屬下沒有「運副」、「提舉」和「運判」等官，其餘「運同」、「鹽課司大使」、「鹽引批驗所大使」、「知事」、「庫大使」、「經歷」則有。

「道級」方面有「糧儲道」（簡稱「糧道」）一人；無「分守道」；「分巡道」六人，包括：「廣肇羅道」（駐肇慶府，兼管水利），「南韶連道」（駐韶州府，即今韶關，亦兼水利），「惠潮嘉

道」（駐惠州府），「廉欽道」（駐欽州直隸州），「高雷陽道」（駐高州府）和「瓊崖道」（駐瓊州府，現為海南省）。

「廣肇羅道」以「廣州府」、「肇慶府」和「羅定直隸州」命名，還有「佛岡直隸廳」（乾隆初廢，嘉慶中復置）。

「廣州府」為廣東省首府，府治設在廣州。「廣州府」領十四縣，前人有一口訣：

南番東順香，	南海、番禺、東莞、順德、香山（中山）
清水化成（城）龍，	清遠、三水、從化、增城、龍門
三新一支花。	新寧、新會、新安（寶安）、花縣

中國人的籍貫，在漢代行郡縣制時是先郡後縣，例如漢末三國諸葛亮是琅琊（郡）陽都（縣）人。到了清代，則是先省後縣。清代南海縣為廣州府的「首縣」，廣州城內，一半屬南海縣管，一半屬番禺縣管。所以清代廣州人的籍貫就只有「廣東南海」和「廣東番禺」，而沒有「廣東廣州」。

香港地區原屬新安縣，設有「九龍巡檢司」，「巡檢」為從九品（圖十一，戌；第一列「縣」）。新安縣在民國初年改名寶安縣，1979年再改為深圳市，1980年成立經濟特區，現時深圳市有寶安區。

第四章　出身與科舉

第一節　正途、異途、捐納

　　《陞官圖》反映清代全盛時期到開始中衰期間的官制，此下介紹一般人做官的途徑。

　　四骰《陞官圖》不包括武職，在此先談談武官的出身。清代滿洲人分隸「八旗」，八旗是「軍民合治」所以旗人本來就屬於軍籍。有官爵的旗人可以繼承父祖輩高級軍官的身份。漢人當軍，則在多戰爭的年代較多陞官機會，承平之世就難以建立軍功。

　　漢人當文官方面，有「正途」、「異途」和「捐納」。

　　滿人則可以憑「筆帖式」（圖二，丑；第三列「出身」）出身。

　　漢人讀書有「功名」算「正途」，清代以「生員」以上為「正途」。《陞官圖》則以「舉人」（圖二，丑；第二列「鄉試」）以上才算正途。然後「正途」還有「進士」（圖二，丑；第一行「殿試」）和「翰林」（圖四，卯；第三列「翰林院」，曾擔任「檢討」、「編修」或「修撰」）兩級。

　　本版《陞官圖》，漢人沒有「舉人」、「進士」、「翰林」的資格，都屬「異途」。

　　此外，還有「捐納」，即是付錢給朝廷「買官」，也屬於「異途」。「三興版」《陞官圖》有「捐班候補」一欄，准許玩家在出身不好時（如「天文生」、「醫生」等），可以選擇用錢買官。外官

可以捐到「正四品」的「道員」，京官可以捐到「正五品」的「郎中」。這樣會嚴重影響遊戲的進程和公平。「道光版」《陞官圖》沒有「捐班候補」的安排，本版依從「道光版」。

第二節　出身

本版《陞官圖》亦據「道光版」刪去「三興版」多加的出身。此下簡介各種「出身」的意義，

「廕生」是因為父輩、祖輩的恩澤而得官。高級官員可以依例「廕」子，直接當官。小說《紅樓夢》中賈赦（主角賈寶玉的親伯父）以長子的身份承襲父親賈代善「榮國公」的爵位，賈政（賈寶玉之父）以次子得「廕」為「主事」（正六品），故事開始時升至「員外郎」（從五品）。此外，還有因公殉職而令子孫得廕官。

「恩賞」是受皇恩而被賞官，這是皇帝一時高興而隨意賞任何人當官。

「保舉」是現職官員擔保舉薦有德行或才能的人破格當官。

「博學鴻詞科」（圖二，丑；第二列「曠典」）是「制科」的一種，「三興版」作「詞科」，「詞科」是簡稱，本版復原本稱。另又可簡稱「鴻博」。「制科」是皇帝親自考核有德行或才學的人，《陞官圖》以「博學鴻詞科」為代表，這是康熙、乾隆兩朝的特別辦法，召集各地的「博學鴻儒」到京師給皇帝親自考核。《陞官圖》又有

「召試」，也是「制科」的一種。細分為「博學鴻詞科」、「舉人召試」和「生監召試」，以增加變化。「曠典」是「曠世恩典」的意思。

「筆帖式」是「滿缺」，必須通滿文的旗人擔任。

「天文生」是地方學習天文、曆法和術數的學生，可以考入「欽天監」。

「醫生」是地方學習醫學的學生，可以考入「太醫院」。

「生員」是地方儒學的學生，俗稱「秀才」，見前述。

「監生」是「國子監」的學生。

「官學生」是「官學」的學生，只收滿州旗人。

「供事」是清代在京各衙門的書吏。「官」與「吏」是兩個不同概念。「吏」一般很難升為高官。

「吏員」也是「書吏」、「胥吏」之類，不是「吏部員外郎」的簡稱。

「童生」是未考得「生員」資格的讀書人。

「出身」擲得「全骰」（圖三，寅；第一列「出身」）可以任「衍聖公」（孔子嫡派傳人，官品為「正一品」）、「連中三元」（連中「解元」、「會元」、「狀元」）或獲封爵位。

第三節　科舉

「科舉」若按現代概念理解是「公務員資格考試」。

「鄉試」是第一級，雖然叫「鄉」，其實是省級公開考試。清代「鄉試」例在子午卯酉年夏曆八月舉行，故此又稱「秋闈」。這樣三年一試為「正科」，朝廷在子午卯酉年以外舉行「鄉試」，就叫「恩科」，即是皇恩浩蕩，加開考試，讓學子有更多機會。以「廣東鄉試」為例，就是全廣東省生員參加的「省級公開考試」，在省會廣州舉行。「鄉試」合格的叫「中式」，成為「舉人」。第一名叫「解元」，第二名叫「亞元」，第三至五名叫「經魁」。「經魁」原名「五經魁」，又簡稱「五魁」。「副榜」則是「半個舉人」，可以入「國子監」讀書。

「鄉試」有「主考」和「同考」，即是「主考官」和「副考官」，負責出題和閱卷，例由有「進士」資格的官員擔任。另有「監臨官」，由地方長官擔任。本版《陞官圖》以「巡撫」和「京府尹」擔任，是為實況。

「會試」是第二級，「舉人」才可以參加，清制逢辰戌丑未年夏曆三月在京師舉行，又稱「春闈」，中式的為「貢士」，第一名為「會元」，前十名為「元魁」，十一至二十名為「會魁」。辰戌丑未年的會試也是「正科」，額外加開的「會試」，叫「會試恩科」。

「會試」的主考叫「總裁」，另外如「鄉試」一樣有「同考」。「知貢舉」則是禮部長官，名義上負責主持「會試」。

「殿試」是第三級，由皇帝親自出題，全體「貢士」參加，等於一個「排名試」。按成績分為「一甲」、「二甲」和「三甲」，有點似現代大學學制中，學位分為一、二、三級榮譽。

「一甲」第一、二、三名，民間稱為「狀元」、「榜眼」、「探花」。立即授「翰林院」的「修撰」和「編修」。

「二甲」第一名叫「傳臚」。「二甲」和「三甲」進士有機會入「翰林院」讀書，名為「庶吉士」。三年之後結業，稱為「散館」，成績好的可以任「翰林官」。

士子考得「舉人」資格之後，下一年立即參加「會試」又中式，稱為「聯捷」。例如子年八月「鄉試」中式成為「舉人」，丑年三月「會試」又中式成為「貢士」，循例再考「殿試」成為「進士」，前後才七個月左右，就由「秀才」搖身一變而為「進士」了。

「鄉試」、「會試」、「殿試」都考得第一名，叫「連中三元」。清代僅有兩人，一是錢棨（1743-1799），乾隆四十七年（1781）辛丑科狀元，官至禮部侍郎（正二品）。一是陳繼昌（1791-1849），嘉慶二十五年（1820）庚辰科狀元，官至布政使（從二品）。

第五章　考績、賞賜與處分

第一節　京察與大計

清代官員的考績制度，在《陞官圖》遊戲轉化為「德」、「才」、「功」、「良」、「柔」、「贓」的簡單考語。文官的考績，由吏部考功司執掌。

京官的考績叫「京察」（圖五，辰；第一列「京察」）；外官的考績叫「大計」（圖十一，戌；第二列「大計」）。

「京察」在「道光版」《陞官圖》為免遊戲太複雜，只涉及五、六品的京官和「翰林院」的「編修」、「檢討」。實際的「京察」涉及各級官員。

「大計」結果最佳的叫「卓異」（圖十一，戌；第二列「大計」），即「卓越優異」之意。

現綜合《清史稿》與《欽定大清會典》（乾隆版）略作介紹。

有所謂「四格八法」。

「四格」是四項評核標準：「才」（才能）、「守」（操守）、「政」（政事）、「年」（年齡）。

「京察」的結果分為三等。

「一等」是「稱職」，守清（操守清廉）、才長（才力有長處）、政勤，而年或青或壯或健。

「二等」是「勤職」，守謹、或政平、或才平，年或青或壯或健。

「三等」是「供職」，守謹而才政平，或才長政勤而守平，年青及壯健。

這些標準已經轉化為《陞官圖》中的「德」（近似「守」）、「才」、「功」（近似「政」）了。

凡「京察」一等（稱職），可以「加級記名」，即是「大計」欄中的「內記名」（圖十一，戌；第二列「大計」）。

「八法」是：

「貪」（貪污受贓）。

「酷」（殘酷枉法）。

「不謹」（為官不夠謹慎）。

「罷軟」（處事柔弱）。

「浮躁」。

「才力不及」（與「四格」的「才」重疊）。

「年老」。

「有疾」。

「八法」反映了官員在「德」、「才」、「功」等方面的缺失，各有處罰的方式。

「官貪酷者，革職提問。」即是革除現有職務，變成無官職的普通人民之外，還要再追究。

「罷軟無為、不謹者，革職。」只是革職而不再加罰。

「年老，有疾者，勒令休致。」即是強迫退休而保留官職原來品級的身份，革職則不保留。

「浮躁者降三級調用。才力不及，降二級調用。加級紀錄不准援抵。」降級調用為別的官職，如原官為「從一品」，降一級為「正二品」，降二級為「從二品」，降三級是「正三品」。「加級」、「紀錄」可以用來抵消較輕微的處罰，如「罰俸」，詳見下文。《陞官圖》遊戲的設計，遇「贓」一般只降一至二級。

此下再簡介「大計」欄下其他名詞術語。

「卓異」，如前述是「大計」的最佳成績。

「內記名」，是內部記錄有關官員的姓名，優先陞官。分為「軍機處」和「吏部」的記名，以「軍機處」的「內記名」更優先。

「保陞」是擔保陞官。

「加銜」是在原官的品級上加到更高官職的銜頭。例如「太醫院」的長官「院使」本是「正五品」、「欽天監」的長官「監正」也本是「正五品」，但是可以「加銜」。《陞官圖》的設計是可以加至「正二品」。

「議敘」是「商議敘用」，文官交由「吏部」負責「議敘」。另外有「議處」，即是「商議處分」，「三興版」《陞官圖》有「嚴議」，即是「從嚴議處」，本版據「道光版」刪。此外，「議敘」有所謂「從優議敘」，正好與「從嚴議處」是兩個極端。

「加級」和「紀錄」其實都是「議敘」的結果，可以用作抵消

某些「處分」，如因失職而要「罰俸」（圖十一，戌；第三列「處分」），可以用「紀錄」抵消。「加級」和「紀錄」可以累積多過一次，累積四次「紀錄」轉換為「加一級」。

此下，再介紹「退休」的用詞。

「致仕」泛指一般辭官退休。

「休致」（圖十一，戌；第三列「處分」），指官員年老體衰而退休。

「予告」（圖十一，戌；第二列「大計」），原指官員休假，後代大臣因年老或疾病准予休假或辭官退休，皆稱為「予告」。

在《陞官圖》不用「致仕」，「休致」略等於朝廷指令辭官退休，「予告」則是自行申請退休。

清代最高級的官員，較多在任內逝世，《陞官圖》的「榮休大賀」，其實比較接近現實中的「予告」。

另外，武官的考績叫「軍政」，由「兵部」負責。但是四骰《陞官圖》不設武官系統，卻有「軍功」（圖六，巳；第二列「軍功」），作為文官因為參與朝廷的征伐而立功，增加遊戲的趣味。

第二節　處分

此下簡介「處分」（圖十一，戌；第三列「處分」）的名詞術語。

「休致」，見前述，但因為容許玩家「捐復」（見下文）。

「革留」是「革職留任」。實際運作多為「降調」，即「降職調用」。

「交部」是「交部議處」（見前述），再嚴重的是「交部嚴議」。清中葉以後，遇有大臣犯了重大錯誤，例由議政王大臣、大學士等重臣，會同吏部、刑部堂官，在內閣集議，就是「交部嚴議」。

「軍臺」是「軍臺效力」，指官員犯錯嚴重，處罰的辦法是送到軍事前線效力以「贖罪」（見下文）。

「歸田」是「歸隱田園」，在「歸田」再擲得「贓」，則為「出局」，官品作「未入流」論，局終亦不得分公注。因此在遊戲中，玩家唯有「加倍贖罪」以復任而保留原來的官品。清代官場最嚴重實際情況，除了處死之外，就是「永不敘用」，即是終其一生不再可以復出為官。

《陞官圖》還有三種實際的「處分」。

「罰俸」，等於今天的扣除工資。清代官員有「薪」、「俸」和「祿」等三項工作收益。「薪」是「柴薪」，即是「能源津貼」；「俸」是「俸銀」，清制官員俸銀收入很低，一品文官才每年

一百八十兩，九品文官更只得幾十兩。一品武官正俸八十一兩，卻可以加支五百多兩。因為俸銀微薄，導致貪污和賄賂的風氣非常嚴重。「罰俸」是對官員比較常用而輕微，一般「罰俸」六個月或一年。

「捐復」是《陞官圖》設定再嚴重的處罰，即「捐銀復任」，因獲罪而被革職，賠了錢才可以官復原職。

「贖罪」是再嚴重的處罰，實際意義見前述。

第三節　特恩

「特恩」（圖三，寅；第二列「特恩」）包括皇帝賞賜給大臣的實物珍寶，或一些特權。現簡介一下，以添趣味：

「紅寶石頂」，起初是「入八分」宗室封爵才准予使用，是官帽上的飾物。

「花翎」、「雙眼花翎」、「三眼花翎」，「花翎」是官帽上的飾物，有「軍功」（圖六，巳；第二列「軍功」）的官員才可以使用，由孔雀的羽毛製造。因為圖案與人眼相似，於是有「單眼」、「雙眼」、「三眼」之別。一般說「花翎」多指「單眼花翎」而言。

「團龍褂」，正式名稱為「團龍補服」。「團龍」是龍紋圖案的一種表達形式，「補服」則是官員在正式場合穿的服裝。

「開褉袍」又名「箭衣」，窄袖，方便騎射。「道光版」、「三興版」《陞官圖》作「開氣袍」，疑為音近致誤，本版改正。

「紫錦墊」,簡稱「紫墊」,是宗室才可以使用的紫色墊褥。這裡所謂「紫色」,不是英文的violet或purple,而是半紅半黑的顏色。

「紅絨結帽頂」是官帽上的飾物,用紅色的絨線編成結。

「紫禁城騎馬」是一種特權,顧名思議,容許有關官員在「紫禁城」之內騎馬。清代「紫禁城」的範圍,則是今天的「北京故宮」。

「紫韁」是紫色的韁繩(騎馬用)。

「賜第」、「賜裘」、「賜宴」,顧名思議,分別是皇帝賜給大臣府第、皮裘和宴席。

「珍賞」是泛指珍貴的賞賜,可以是任何小飾物。

「黃馬褂」是黃色的「馬褂」。「馬褂」是滿族的服製,是長袍外面的對襟短褂,方便騎馬作戰,滿清入關之後,馬褂成為常服、禮服的標準。

「黃馬褂」分為三種。

一是「行職褂子」,「御前待衛」在值班護衛皇帝(及主要皇親)時才可以穿,等於「工作服」。

二是「行圍褂子」,只可以在跟皇帝一起打獵(或校射演習)時才可以穿,一般賞給在圍獵、校射時表現特出的官員。

三是「武功褂子」,是中葉以後賞給有「軍功」(軍事上立功)的官員,這種「黃馬褂」可以在任何場合穿著。後來多有濫賞,甚至可以賞給不是「軍功」的人。

「世襲」原指「爵位」可以由子孫後代「承襲」,現依「道光版」、「三興版」《陞官圖》的舊例,不予改變。

第六章　乾隆五十七年的文武大臣

第一節　大學士

　　為加強讀者玩陞官圖時的興趣，臚列乾隆五十七年壬子（1792）的高官名單，以反映這個時候輔助乾隆帝（1711-1799，1735繼位，1736改元）管治中國最主要的文武官員。這一年，乾隆帝虛齡八十二，撰成《十全武功記》，自號「十全老人」。翌年，英使馬戛爾尼（George Macartney）來華，這時所謂大清盛世，已是強弩之末，但在乾隆的心目中，卻是最為志得意滿的日子。

　　這一年大學士共有六人，依次為：

　　◇阿桂（1717-1797，武英殿大學士，乾隆四十二年授）

　　◇嵇璜（1711-1794，文淵閣學士，乾隆四十五年授）

　　◇和珅（1750-1799，文華殿大學士，乾隆五十一年授）

　　◇王杰（1725-1805，東閣大學士，乾隆五十二年授）

　　◇福康安（1753-1796，武英殿大學士，乾隆五十七年八月授）

　　◇孫士毅（1720-1796，文淵閣大學士，乾隆五十七年八月授）

當中「保和殿大學士」和「體仁閣大學士」從缺。

「武英殿大學士」和「文淵閣大學士」則有兩人，不過他們都不會真正到相關的「殿」、「閣」辦公。

福康安在乾隆五十一年「以吏部尚書協辦大學士」；孫士毅則在乾隆五十六年「以吏部尚書協辦大學士」。到了乾隆五十七年八月，兩人遷大學士。

第二節　　部院堂官

六部、理藩院和都察院都是清代中央政府裡面負責較多實務的衙門，乾隆五十七年的「堂官」（即前述的長官和次官）列表如下：

部院	缺	尚書	左侍郎	右侍郎
吏部	滿	福康安（八月遷大學士） 金簡（八月接任）	瑪興阿（正月卒） 德明（正月接任）	德明（正月遷吏部左侍郎） 穆精阿（正月接任、十月卒） 額勒春（十月接任）
	漢	孫士毅（八月遷大學士） 劉墉（八月接任）	沈初	金士松
戶部	滿	福長安	慶成	額勒春（十月遷吏部右侍郎） 阿迪斯（十月接任）
	漢	董誥	蔣賜棨	韓鑅
禮部	滿	常青	僧保住	鐵保
	漢	劉墉（八月遷吏部） 紀昀（八月接任）	竇光鼐（八月遷漢左都御史） 劉權之（八月接任）	劉權之（八月遷禮部左侍郎） 劉躍雲（八月接任）
兵部	滿	慶桂	明興（九月出為喀什噶爾參贊大臣） 伊齡阿（九月接任）	和琳（八月遷工部滿尚書） 玉保（八月接任）
	漢	劉峩	趙鏐	胡高望
刑部	滿	明亮（正月出為黑龍江將軍） 蘇凌阿（正月接任）	穆精阿（正月遷吏部右侍郎） 玉德（正月接任）	玉德（正月改刑部左侍郎） 伊齡阿（九月遷兵部左侍郎）
	漢	胡季堂	張若淳	王昶

部院	缺	尚書	左侍郎	右侍郎
工部	滿	金簡（八月遷吏部尚書）和琳（八月接任）	松筠（四月赴哈薩克）成策（四月接任）	成策（四月改工部左侍郎）巴寧阿（四月署任）
	漢	彭元瑞	鄒奕孝	吳省欽
理藩院	滿	留保住	諾穆親（正月遷）佛住（正月接任）	佛住（正月遷理藩院左侍郎）博興（正月接任、九月遷庫倫辦事大臣）奎舒（九月接任）

注：是年戶部總督倉場侍郎（簡稱倉督），滿員為穆諾親，漢員末詳

表十：乾隆五十七年六部理藩院堂官

缺	左都御史	左副都御史	左副都御史
滿	舒常	哈福納（十一月卒）	巴彥學
漢	紀昀（八月遷禮部尚書）竇光鼐（八月接任）	汪承霈	陸錫熊（四月卒）趙佑（四月接任）

表十一：乾隆五十七年都察院堂官

第三節　封疆大吏

「封疆大吏」指「總督」、「巡撫」：

督撫	駐地	人員
直隸總督	保定	梁肯堂
兩江總督	江寧	書麟
江蘇巡撫	蘇州	長麟（五月遷山西巡撫） 奇豐額（五月接任）。
安徽巡撫	安慶	朱珪
江西巡撫	南昌	姚棻（六月憂） 陳淮（六月接任）
四川總督	成都	惠齡
陝甘總督	蘭州	勒保
陝西巡撫	西安	秦承恩
閩浙總督	福州	伍拉納
福建巡撫	福州	浦霖
浙江巡撫	杭州	福崧（十二月奪官、自殺） 長麟（十二月接任）
湖廣總督	武昌	畢沅
湖北巡撫	武昌	福寧
湖南巡撫	長沙	姜晟
兩廣總督	肇慶／廣州	福康安
廣東巡撫	廣州	郭世勳
廣西巡撫	桂林	陳用敷
雲貴總督	曲靖	富綱
雲南巡撫	雲南府	譚尚忠

註：河南、山東、山西三巡撫沒有總督作上司。

表十二：乾隆五十七年總督巡撫表

第四節　駐防將軍與駐劄大臣

「駐防將軍」官階「從一品」，有大量漢人聚居的省份設置，在地方官的排名在「總督」之上，是清初安排監控漢人的制度。例如「廣東駐防將軍」，俗稱「廣州將軍」就是負責監視「兩廣總督」以不的文武官員。原則上，廣州地區的旗人也歸「廣州將軍」管而不必理會「兩廣總督」。

駐防將軍	駐地	人員
盛京駐防將軍	盛京	琳寧
吉林駐防將軍	吉林	恆秀
黑龍江駐防將軍	齊齊哈爾	明亮
綏遠城駐防將軍	綏遠	興兆（十月調）、圖桑阿
陝西駐防將軍	西安	舒亮
江南駐防將軍	江寧	永慶
浙江駐防將軍	杭州	寶琳
福建駐防將軍	福州	魁倫
廣東駐防將軍	廣州	善德
湖北駐防將軍	荊州	福昌
四川駐防將軍	成都	缺
甘肅駐防將軍	寧夏	圖桑阿（十月調）
新疆駐防伊犁將軍	伊犁	保寧
烏里雅蘇台將軍	定邊	恆瑞

表十三：乾隆五十七年駐防將軍（部分）

沒有設「駐防將軍」的省份，因情況而定，設有「駐防都統」、「駐防副都統」等職。

在蒙古、西藏、回部（新疆）則另派駐劄大臣，有不同的名目，

103

如「辦事大事」、「幫辦大事」、「參贊大臣」、「領隊大臣」等。乾隆五十七年,設辦事大臣的地區包括青海、西藏、庫車(古龜茲國境,今新疆庫車縣)、和闐(今新疆和田市)、喀喇沙爾(今新疆焉耆縣)、英吉沙爾(今新疆英吉沙縣)、庫倫(今蒙古共和國)、庫爾喀喇烏蘇台(今新疆烏蘇市)、烏什永寧城(今新疆烏什縣)和阿古蘇(今新疆阿克蘇市)。其中西藏、和闐各兩人,餘各一人,合共十二人。名單從略,其餘「幫辦大臣」等亦從略。

第五節　內大臣

廣義的「內大臣」,包括「侍衛處」和「鑾儀衛」的長官。另外「步軍統領」和「內務府總管」也是重要官職:

衙門	長官	品級	人名	備註
侍衛處	領侍衛內大臣	正一	阿桂 和珅 拉旺多爾濟 福康安 阿克東阿 誠郡王弘暢	拉旺多爾濟是「扎薩克親王」也是「固倫額駙」。 阿克東阿是「英誠公」。 弘暢與乾隆帝同輩。
步軍營	步軍統領	正二	和珅	
鑾儀衛	掌衛事內大臣	正一	福長安	
內務府	總管	正二	怡親王永琅 和珅 金簡 福長安 伊齡阿 巴寧阿	

表十四:乾隆五十七年在京內大臣

第六節　八旗都統

　　「八旗都統」原則上負責管理旗下的屬員人民，但是到了乾隆朝僅屬虛銜，沒有直接指揮本旗人員作戰的權力。

八旗	都統
鑲黃旗	阿桂
正黃旗	克勤郡王雅朗阿
正白旗	和珅
正紅旗	福長安
鑲白旗	誠郡王弘暢
鑲紅旗	定郡王綿恩（十二月晉封定親王）
正藍旗	慶桂 蘇凌阿
鑲藍旗	怡親王永琅

表十五：乾隆五十七年滿洲八旗都統

蒙古八旗、漢軍八旗都統從略。

105

第七節　宗人府宗室各職

「宗人府」負責管理皇族的屬籍，實際工作由「宗人府丞」處理。宗室各職都是虛銜。乾隆五十七年的情況是：

◇宗令睿親王淳穎

◇左宗正誠郡王弘暢

◇右宗正克勤郡王雅朗阿

◇左宗人鎮國公斌寧

◇右宗人輔國公崇尚

第八節　軍機大臣

《清史稿·職官志》形容「軍機處」的工作是「總攬軍國大計」，屬於「執政之府」。實際上「軍機大臣」只是皇帝的私人助理，無權向各部發出命令。

乾五十七年軍機大臣名單如下：

軍機大臣	本職（文職）	品級	初入軍機年	初入軍機官職	品級
阿桂	武英殿大學士	正一	乾隆28年1763	工部滿尚書	從一
和珅	文華殿大學士	正一	乾隆41年1776	戶部滿右侍郎	正二
王杰	東閣大學士	正一	乾隆51年1786	兵部漢尚書	正二
福長安（？-1817）	戶部滿尚書	從一	乾隆45年1780	工部滿右侍郎	正二
慶桂（？-1816）	兵部滿尚書	從一	乾隆36年1771	理藩院右侍郎	正二
董誥（1740-1818）	戶部漢尚書	從一	乾隆44年1779	戶部漢左侍郎	正二

表十六：乾隆五十七年軍機大臣

六名「軍機大臣」之中，王杰、董誥兩人是漢人。

六名大學士之中，三人是「軍機大臣」，嵇璜是「文淵閣大學士」而不是「軍機大臣」，因此不能參預大部分軍國大事。

「武英殿大學士」福康安則早在乾隆三十七年初次「以戶部（滿右）侍郎在軍機處學習行走」，此後因為經常有差事，數度進出軍機處。這一年三月，加「大將軍」銜，位高權重。

「文淵閣大學士」孫士毅則一生不曾入軍機。

和珅是當時乾隆第一寵臣，在乾隆四十一年，「以戶部右侍郎在軍機處行走」，四十二年兼「步軍統領」（即九門提督），四十四年授「御前大臣」、「領侍衛內大臣」。一身而兼許多文官武職。

第七章　官職與升遷實例

第一節　《欽定四庫全書》部分大臣官職名

　　清代官制繁複，經常出現高級官員有多個兼職、兼差，因此官名可以非常之長。為增添趣味，本章略舉實例。

　　下表列出乾隆四十六年（1781）《欽定四庫全書》部分負責人的官名，包括「總裁官」阿桂、和珅、嵇璜，「副總裁官」劉墉，與及「總纂官」紀昀等五人。

大臣	官職差事加銜	性質	品級	本版欄目	公注
阿桂	經筵日講起居注官	差事	無	起居注	支十籌
	太子太保	加銜	從一	兼銜，本版刪	支五籌
	領侍衛內大臣	武職本職	正一	不載	
	武英殿大學士	文職本職	正一	殿閣	支四十籌
	管吏部事	差事	無	大學士管部	支二十籌
	翰林院掌院學士	兼職	正二	翰林院	支十籌
	文淵閣領閣事	差事	無	不載	
	一等誠謀英勇公	世爵	超品	封爵	支百籌，各賀廿籌
和珅	太子太保	加銜	從一	兼銜，本版刪	
	御前大臣	差事	無	不載	
	議政大臣	兼銜	無	不載	
	領侍衛內大臣	武職本職	正一	不載	
	戶部尚書	文職本職	從一	戶部	
	內務府總管	兼職	正二	內務府	
	步軍統領	兼職	正二	不載	
	世襲三等輕車都尉	世職	正三	出身	各賀三十籌

大臣	官職差事加銜	性質	品級	本版欄目	公注
嵇璜	經筵日講起居注官	差事	無	起居注	支十籌
	太子太保	加銜	從一	兼銜，本版刪	
	文淵閣大學士	本職	正一	殿閣	支四十籌
	兼吏部尚書	兼職	從一	吏部	
	翰林院掌院學士	兼職	正二	翰林院	支十籌
	文淵閣領閣事	差事	無	不載	
劉墉	內閣學士	本職	從二	內閣	
	兼禮部侍郎	兼銜	正二	禮部	
紀昀	文淵閣直閣事	差事	無	不載	
	兵部侍郎	文職本職	正二	兵部	

表十七：《欽定四庫全書》部分負責官員官職名

從上表可見，高級官員經常有兼職，兼職的官品常比本職為低。

滿洲高官更有文武兩個本職。以和珅為例，文官本職是「戶部尚書」，「內務府總管」是兼職，「議政大臣」則是作為滿籍軍機大臣的兼銜。他的武官本職是「領侍衛內大臣」，「步軍統領」（即俗稱「九門提督」）則是兼職。「御前大臣」一般由「領侍衛內大臣」中特簡；「議政大臣」則是軍機處滿洲大學士的兼銜，這裡和珅有列出「御前大臣」和「議政大臣」而阿桂則無，原因待考。

漢大學士亦有兼職兼銜，但不再領武職。

劉墉（1719-1805，官至體仁閣大學士）和紀昀（1724-1805，官至協辦大學士）則只有本職（劉墉的兼銜是定制不算）。

第二節 《欽定吏部則例》部分大臣官職名

再舉乾隆四十八年（1783）完成的《欽定吏部則例》所載的官職名：

大臣	官職兼職差事加銜	性質	品級	本版欄目	公注
阿桂	經筵日講起居注官	差事	無	起居注	支十籌
	太子太保	加銜	從一	兼銜，本版刪	
	議政大臣	差事	無	不載	
	武英殿大學士	文職本職	正一	殿閣	支四十籌
	文淵閣領閣事	差事	無	不載	
	管吏部	差事	無	大學士管部	支二十籌
	刑部	差事	無	大學士管部	支二十籌
	戶部三庫事務	差事	無	大學士管部	支二十籌
	翰林院掌院學士	兼職	正二	翰林院	支十籌
	教習庶吉士	差事	無	翰林院	支五籌
	御前大臣	差事	無	不載	
	領侍衛內大臣	武職	正一	不載	
	管理鑲黃旗滿洲都統	武職	從一	不載	
	誠謀英勇公	世爵	超品	封爵	支百籌，各賀廿籌
和珅	經筵講官	差事	無	經筵	支十籌
	太子太保	加銜	從一	兼銜，本版刪	
	協辦大學士	文職本職	正一	內閣	
	議政大臣	差事	無	不載	
	吏部尚書	兼職	從一	吏部	
	兼署戶部尚書 管理三庫事務	兼職 兼差	從一	戶部	
	御前大臣	差事	無	不載	

	領侍衛內大臣	武職	正一	不載	
	兼管理藩院事務	差事	無	大學士管部	支二十籌
	總管內務府大臣	兼職	正二	內務府	
	管理武備院事	差事	無	不載	
	圓明園內大臣	兼職	從一	不載	
	總管八旗包衣三旗軍官				
	鑲藍旗滿洲都統	兼職	從一	不載	
	步軍統領	兼職	正二	不載	
	世襲三等輕車都尉	世職	正三	出身	各賀三十籌
嵇璜	經筵日講起居注官	差事	無	起居注	支十籌
	太子太保	加銜	從一	兼銜，本版刪	
	文淵閣大學士	本職	正一	殿閣	支四十籌
	兼吏部尚書	兼職	從一	吏部	
	文淵閣領閣事	差事	無	不載	
	翰林院掌院學士	兼職	正二	翰林院	支五籌
	教習庶吉士	差事	無	翰林院	支五籌
	管理稽查欽奉上諭事件處	差事	無	不載	
劉墉	經筵講官	差事	無	經筵	支十籌
	吏部尚書	本職	從一	吏部	
	兼署兵部尚書	兼職	從一	兵部	

表十八：《欽定吏部則例》部分負責官員官職名

　　比較兩處材料，可見官職名沒有固定格式次序，此處和珅的官職名長達九十八字！

　　阿桂原本是「一等公」，在此省去等級，卻補回「御前大臣」和「議政大臣」兩個銜頭。

「包衣」一詞需要解釋一下，譯自滿洲語，意指奴隸、奴僕。清人末入關前，征服各部落所得的的俘虜，均編為「包衣」，分屬八旗。「三旗」指鑲黃、正黃、正白等上三旗，隸屬內務府，「三旗包衣」一般充任驍騎、護軍、前鋒等營的兵卒。下五旗包衣則分隸王府，作為僕人。

第三節　《欽定大清律例》部分大臣職名

再介紹乾隆三十三年版《欽定大清律例》部分官員：

大臣	官職兼職差事加銜	性質	品級	本版欄目	公注
史貽直	經筵講官	差事	無	經筵	支十籌
	吏部尚書	本職	從一	吏部	
	兼署兵部尚書	兼職	從一	兵部	
	教習庶吉士	差事	無	翰林院	
	加三級	考績	無	加級	
	又軍功加二級	考績	無	加級	
	紀錄十八次	考績	無	紀錄	
	軍功紀錄二次	考績	無	紀錄	
來保	議政大臣	兼職	無	不載	
	內大臣	武職本職	從一	不載	
	刑部尚書	文職本職	從一	刑部	
	兼內務府總管	兼職	正二	內務府	
	紀錄四次	考職		紀錄	
	革職留任	處分		處分	

表十九：《欽定大清律例》部分負責官員官職名

　　本例特別選出來，是因為史貽直（1682-1763，官至文淵閣大學士）和來保（1681-1764，官至文華殿大學士）除了各職各差之外，還列出了「加級」和「紀錄」，較為罕見。

第四節　孫士毅官場浮沉

　　此下再以孫士毅一世在官場浮沉的紀錄為例，以添讀者興味。資料在互聯網上取得，為臺灣中央研究院歷史語言研究所整理的《明清檔案人名權威資料》，現列表如下：

年份	公曆	虛齡	官職差事及其他	品級	本版欄目	備註
乾隆24	1759	40	舉人	無	鄉試	支五籌
乾隆26	1761	42	進士 （二甲第四名）	無	會試、殿試 二甲第四名	支十五籌
乾隆26	1761	42	候選知縣	無	吏部	
乾隆27	1762	43	內閣中書 （「召試」改授）	從七	召試 內閣	
乾隆?	?	?	軍機章京	原品	軍機處	支十籌
乾隆?	?	?	侍讀	從五	翰林院	
乾隆33	1768	49	四川鄉試考官	原品	鄉試	支五籌
乾隆35	1770	51	戶部廣西司郎中	正五	戶部	
乾隆35	1770	51	湖南鄉試考官	原品	鄉試	支五籌
乾隆35	1770	51	貴州學政	原品	學院	支五籌
乾隆40	1775	56	大理寺少卿	正三	大理寺	
乾隆41	1776	57	廣西布政使	從二	布政司	
乾隆44	1779	60	雲南布政使	從二	布政司	
乾隆45	1780	61	雲南巡撫	正二	撫院	

年份	公曆	虛齡	官職差事及其他	品級	本版欄目	備註
乾隆45	1780	61	奪職，遣戍伊犁	無品	處分、軍臺	李侍堯案坐連奪職
乾隆45	1780	61	翰林院編修	正七	翰林院	命纂校四庫全書
乾隆47	1782	63	太常寺少卿	正三	太常寺	四庫全書成，超擢
乾隆47	1782	63	山東布政使	從二	布政司	
乾隆48	1783	64	廣西巡撫	正二	撫院	
乾隆50	1785	66	署理兩廣總督	原品	督院	
乾隆50	1785	66	賜花翎	無	特恩	支二十籌
乾隆51	1786	67	兩廣總督	從一	督院	實授
乾隆52	1787	68	加太子太保	從一	兼銜，本版刪	
			賜雙眼花翎	無	特恩	支三十籌
			一等輕車都尉世職	正三	出身	各賀三十籌
乾隆53	1788	69	封一等謀勇公	超品	封爵	支百籌，各賀廿籌
			賜紅寶石頂	無	特恩	支五十籌
			（安南軍功）			
乾隆54	1789	70	罷封爵		本版無	未遵詔班師致敗
			撤紅寶石頂			
			撤雙眼花翎			
乾隆54	1789	70	兵部尚書	從一	兵部	
			軍機大臣	原品		支三十籌
			南書房侍直	原品	內廷	支十籌
			紫禁城騎馬	無	特恩	支二十籌
乾隆54	1789	70	順天鄉試正考官	原品	鄉試	支五籌
乾隆54	1789	70	署四川總督	從一	督院	兼職
乾隆55	1790	71	四川總督管巡撫事	從一	撫院	兼職
乾隆55	1790	71	兩江總督	從一	督院	兼職
			兼署江蘇巡撫	原品	撫院	兼職
乾隆56	1791	72	吏部尚書	從一	吏部	召京
			協辦大學士	正一	內閣	
乾隆56	1791	72	攝四川總督	從一	督院	兼職
乾隆57	1792	73	再圖形紫光閣	無	無	
			文淵閣大學士	正一	殿閣	支四十籌
			兼禮部尚書	從一	禮部	
			（廓爾喀平，敘功）			
乾隆60	1795	76	署四川總督	從一	督院	
嘉慶1	1796	77	封三等男	正二	封典	支三十籌，各賀十籌
			卒於軍中，贈公爵	超品	封典	支百籌，各賀廿籌

表二十：孫士毅官職升降紀錄

孫士毅出仕甚遲，屬大器晚成，虛齡四十才考中舉人。

孫士毅擔任中央的尚書，實際職務卻是在地方任總督、領兵打仗。官拜大學士之後，仍然經常如此，最後死在軍中。

孫士毅一生經歷兩次嚴重處分，第一次在乾隆四十五年，因為受李侍堯牽連，由二品的巡撫變成無官職之人，不久再授翰林院正七品編修。第二次在乾隆五十四年，被罷去公爵，不久改授兵部尚書。

《陞官圖》只是遊戲，大家圖個高興，所以真正官場中被罷免、抄家、殺頭的事，就設定不會發生了！

潘氏重訂清代陞官圖

後學南海潘國森訂正
二零一五年乙未仲春

品級考

	正	從
王品	超品公侯伯	
一	正一光祿大夫	從一榮祿大夫
二	正二資政大夫	從二通奉大夫
三	正三通議大夫	從三中議大夫
四	正四中憲大夫	從四朝議大夫
五	正五奉政大夫	從五奉直大夫
六	正六承德郎	從六儒林郎
七	正七文林郎	從七徵仕郎
八	正八修職郎	從八修職佐郎
九	正九登仕郎	從九登仕佐郎

原　序

粵稽唐虞建官惟百，而有三考黜陟之條。周官三百六十，而有六計弊吏之典。我國家陳綱立紀，官制秩然，是誠萬古不易之經，有志之士所當致核也。今遵《會典》，制為品級，全圖備滿員漢員之制，別正途異途之分，非遊戲也。誠使稽官階，識資格，展圖了然，不良有裨益乎？至于知己偶來，晴窗閒暇，出是圖以遣逸興，亦足繼雅歌投壺之韻事耳。惟限于邊幅武職不及備錄。若官名間有遺漏，遷轉容有未週，所望大雅君子起而訂正之，實為厚幸也夫。是為序。

道光庚子孟冬朔翻刊

陞官圖玩法簡釋

●開局每家出壹百籌存公，以便各項賞賜支取，局終平均攤分。●每擲四骰，第一擲為出身，然後按圖中指示升遷，直至榮休。●凡榮休大賀者，局中各家賀三十籌，第一家大賀者不必賀後得之家。大賀人數宜略少於一半。如十人入局，定三至五人大賀，大賀數足即為局終。●每人用牌一對，一張押本位各職；一張遇大計、軍功、各差各賞押之，以便查對，事後收回。●每予告、致仕者皆算入大賀人數。

擲四骰，四點為紅。雙紅⚃⚃為德、雙三⚂⚂為才、雙么⚀⚀為良、雙六⚅⚅為功、雙二⚁⚁為贓。四骰不成對免行一次，三四五六⚂⚃⚄⚅為穿花除外，除特別註明外，穿花作軍功論。●擇成兩對，除特別如雙紅雙六，作一德一才論。●三骰相同為聚，如三紅作二德論，凡二德推陞，必須一擲得三紅，因軍功大計獲二德不算。么連一紅，可免行贓。●一二品擲全色封典，太醫院，欽天監不得論封。三品以下全紅作四德，全六作三德，全五作二德一才，全三作二德一功，全么一作一德一才。●凡任檢討以上作翰林，可任學差考差。漢員非翰林不得協辦，滿員不論。●凡各差支公注五籌，遇贓罰回，除追回公注，加罰五籌。●凡京外官遇上司，送見面禮五籌。●局終每人將本位牌放品級考，每差一級算五籌。●贓一級算五籌。

心一堂，中國香港九龍西洋菜南街5號1003室，sunyatabook@gmail.com　+852-6715-0840

丑部：出身及科舉

第一段

殿試	一甲賜進士及第支公注卅籌／二甲賜進士出身支十五籌／三甲賜同進士出身支十籌
甲一　第一名狀元	連中三元倍賀四十籌／各賀廿籌　授職翰林院修撰
甲一　第二名榜眼　第三名探花	各賀十籌　授職翰林院編修
甲二　第一名傳臚	德才穿花庶吉士　功禮主／良部額主　柔吏選縣　臟繁縣
二甲	德穿花庶吉士　功閣中　良吏選縣　臟國錄／柔學教授　臟國簿
三甲	柔學教授　臟國簿
會試	會元支公注十籌／會魁支公注五籌
總裁	功行才　良柔行功／臟倍罰回
同考	功行德功　良行功／臟罰回　穿花才行功
知貢舉	德行德功／穿花才行功
會元	才榜眼　功探花　臟三甲／柔二甲　德穿花紅二對狀元　良傳臚
會魁	才探花　功傳臚　臟三甲／穿花紅二對狀元　德榜眼
貢士	功傳臚狀元　良二甲／才探花　柔臟三甲／穿花狀元　德榜眼

第二段

鄉試	解元支公注十籌／經魁舉人支公注五籌
主考	德行德功　良柔行功／穿花才行功
同考	功行才　良柔行功／穿花才行功
監臨	德行德功　良行功／臟倍罰回　穿花才行功
解元	柔功行才　臟罰回／德不行　穿花才行才功
經魁	良不行　柔吏會元／德經魁　才會魁　功貢士
舉人	穿花舉人召試　紅二對解元／德不行　柔吏大挑　才功貢士　良直州同
副榜	穿花生監召試　紅二對解元／良不行　柔直判　臟翰林教習
曠典	凡貢生監生紅二對詞科／凡舉人貢生監生穿花召試
博學鴻詞	德翰林編修　才翰檢討／柔翰林庶吉士　功翰林檢討　臟吏候選縣
舉人召試	德才翰庶吉士　功閣中／良閣中　才中中　柔支五籌回　功舉人　臟部額主
生監召試	德閣中　才翰檢討／良閣中　柔支五籌回　功貢士　臟膳錄
各館膳錄	
舉人膳錄	才直州判　柔州判　功吏候選縣／穿花紅二對貢士　良直州判　德州判　臟學教諭
生監膳錄	穿花紅二對舉人　才部司務　功鹽大使／良縣丞　柔縣主簿　德州判　臟州目

第三段

骰色	科目	內容
么雙	童生	德保舉增生　良學增生　才生員　柔鴻序班　臟禮儒士
二雙	吏員	德按知縣　良柔縣典史　才府知　臟州大使
三雙	供事	德府經　良柔縣典史　才按獄　功縣巡檢　臟州大使
五雙	官學生	穿花舉人　德州判　才部九品吏員　柔出身生員　功常讀良常贊　臟罰五籌
六雙	監生	紅二對解元　德國優貢　良經膳錄　才舉人廩生　柔學廩生　功鄉副榜　臟童生
么聚	生員	紅二對解元　穿花召試　德才舉人　良功國監生　柔學童生　功鄉副榜
二聚	醫生	功支公注五籌　德九品吏目　良醫士　才從九品　柔臟不行
三聚	天文生	德掌壺正　才司書　良司晨　柔臟不行
五聚	筆帖式	穿花貢士　德部貢士　功吏選縣　才簡縣　良柔河丞　臟河簿
六聚	保舉	德部七品小京官　功吏選縣　才簡縣　良柔八品　臟九品
紅聚	博學鴻詞科	
穿花	恩賞	德知州　良知州　才都經　功中　柔光簿　臟京經
	廕生	紅二對工員　才刑員　功直州　良理評　柔兵主　臟部額主
	出身	兩骰同數為雙／三骰同數為聚／四五六為穿花／出身依開局前公議決定

心一堂·中國香港九龍西洋菜南街5號1003室，sunyatabook@gmail.com　+852-6715-0840

寅部：京官第一圖

封爵（第一段）

品級	爵名	注
王品	封爵	一品全紅王　全么五公　二品全紅伯　全六五侯　全五二伯　全三二么男
王品	王爵	支公注百廿籌　全色穿花一位　德才紫錦墊　良紫錦墊　穿花一位德才　各賀卅籌
超品	公爵	支公注百籌　全色德穿花倍賀　良紫錦墊柔開褉袍　各賀廿籌　德才穿花一位紫錦墊
超品	侯爵	支公注七十籌　穿花一位良開褉袍　各賀廿籌　德才賀
超品	伯爵	支公注五十籌　穿花一位德才良團龍褂　各賀十五籌
正一	子爵	支公注四十籌　穿花一位各賀十五籌　良團龍褂
正二	男爵	支公注三十籌　功開褉袍良團龍褂
	出身	全五三二么作滿員
全紅	衍聖公	各賀百廿籌　出身廩生
全六	連中三元	各賀四十籌　起手翰林院修撰　出身支公五十籌
全五	輕車都尉	各賀三十籌　德宗理才內郎紅二對御史　職戶員
全三	騎都尉	各賀廿籌　功禮員良刑員柔不行　職工主
全二	雲騎尉	各賀二十籌　德廷主良兵主柔不行　才吏主職光正
全么	恩騎尉	各賀十籌　德部七品京官良柔不行　才理評職光簿

特恩（第二段）

支公注三十籌（右組）　支公注廿籌（左組）

特恩	全色穿花原職原行
紅寶石頂	支公注五十籌　穿花德倍賀
三眼花翎	才功賀　良柔職不行
團龍褂	德賀　才一位功一位　不行
開褉袍	德賀　才功良柔職不行
紫錦墊	德才原行
雙眼花翎	不行
紅絨結帽頂	德才賀　良柔職不行
紫禁城騎馬	功一位
紫韁	良柔職不行
賜第	德才原行　功行才
賜宴	德才原行功　良柔職不行
賜裘	德行德功　才行德良柔職不行
珍賞	德行德　功行才二德　柔行德才職不行
黃馬褂	穿花才行　行二德　德才一才穿花德行二德功
花翎	德行三德　功行二德一功
世襲	職不行　功德才　良柔行穿花德才行德功

宗人府・詹事府（第三段）

品級	官名	注
正三	宗人府	滿員宗丞改都察院左副都
正三	府丞	德兵右才刑右柔不行　職工卿功工卿
從五	理事官	德內熱總才京府丞柔不行　職藩員功加級
從五	副理事官	德鴻卿才一位柔京察　職內郎功直州
正六	主事	德吏員外良工寶泉柔京府丞　職兵員功通經
正六	經歷	良紀錄德內員才藩員柔不行　職兵員功七品帖
	詹事府	良經筵
正三	詹事	德禮右良經筵才閣學功國學　職下一
正四	少詹事	德閣學良經筵才一位功加級　職下一
正五	左庶子	德一位良學政才翰讀學功國祭酒　職下三
正五	右庶子	德二位良學政才翰講學功國祭酒　職下三
從五	洗馬	良起居注德二位才一位功加級
正六	左中允	良起居注德學政才翰講柔大考　職二位
正六	右中允	良學政德翰讀才翰講柔大考　職二位
從六	左贊善	良學政德翰讀才三位柔一位　職翰檢
從六	右贊善	良翰講德會同考才四位柔府通判　職翰檢
從七	主簿	良常簿德光署正才府通判柔留任　職翰簿功通知
從九	錄事	良會同館使德常協才翰簿柔留任　職鴻薄功州使

心一堂・中國香港九龍西洋菜南街5號1003室，sunyatabook@gmail.com　+852-6715-0840

卯部：京官第二圖

上排（右至左）

軍機處	正一 軍機大臣	正一 軍機大臣	從一 軍機大臣	正一 軍機大臣	二品 軍機章京	欽差	正一 經略大臣	從一 經略大臣	殿閣	正一 保和殿	正一 文華殿	正一 武英殿	正一 文淵閣	正一 體仁閣	正一 東閣	中書科	從七 中書
大臣支公注三十籌　章京支公注十籌	德超品賀　才伯爵　功子爵　賀穿花伯爵才子爵　二贓回任	柔贓不行　功子爵　良雙眼翎	德正一品賀穿花伯爵才子爵　良雙眼翎　功行一品賀穿花男爵才子爵　贓回任	德從一品賀穿花侯爵才子爵　功行二德一才行二德　才行德　贓回任	功行二德一賀　才行　贓回任	支公注廿籌　全色原行	功軍機一賀　穿花才子爵　功經略　贓回任	德超品賀軍機　良柔行不行二德德功　穿花才伯爵　贓回任	殿閣大學士穿花軍機贓不行	德超品賀　才伯爵　功管部　功經略	良管部　德賀　才子爵　功管部	良翰掌院　德賀　才子爵　柔賜第	良翰教庶　德賀　才經略　柔賜第	良經筵　德賀　才管部　柔紫韁	良上書房　德經筵　才管部　柔紅絨結帽頂	穿花軍機章京	良都都　德府同知　柔京察　才吏主　功禮主　贓各司務

中排（右至左）

內閣	正一 大學士	從一 協辦大學士	正一 學士	從二 侍讀學士	從四 侍讀	正六 典籍	正七 中書	從七 內廷	南書房侍直	尚書房教習	日講	起居注官	正六 主事	經筵	一二品 經筵講官	三四品 經筵講官
大學士支公注四十籌轉殿閣	德保和　良文淵　才文華　功武英　柔體仁　功文淵　贓罰五籌　功東閣	德文華　良文淵　才武英　柔東閣	德禮　良一位　才一品　柔不行　功經筵　贓文淵中	德加級　良紀錄　才巡撫　柔學政　功經筵　贓少詹	德通副　良紀錄　才理少　柔主考　功加級　贓禮筵	良都都　德御史　才宗主　柔京察　功廷主	良工主　德府同知　才吏主　柔鄉同考　功部務　紅二對二位	穿花軍機章京　柔京察　贓中中	內廷各差支公注十籌	德才穿花原行　良賜裘　柔不行　功行才　贓回	德行才穿花原行　功行德　良賜裘　功行才　贓回	功行才穿花原行　良賜裘　柔不行　功行才　贓回	良吏員　德才坐糧　才禮員　柔京察　功直州　贓通經	講官支公注十籌　穿花軍機章京	良賜裘　德才穿花原行　柔不行　功行　贓回	功行德才　德功行才　良柔行功　贓回

下排（右至左）

翰林院	掌院學士	教習庶常館	從四 侍讀學士	從四 侍講學士	從五 侍讀	從五 侍講	正七 編修	從六 修撰	從七 檢討	品 庶吉士	正八 典簿	從九 待詔	未入 孔目	六品以上 大考	編檢
檢討以上作翰林出身	支公注十籌　德才穿花原行　良柔不行　贓回	支公注五籌　德才穿花原行　功行才　良柔不行　贓回	德閣學　良經筵　才詹事　功行才　贓下一	德閣學　良經筵　才詹事　功行才　功少詹	德二位　良起居注　才國祭酒　柔一位　功詹右贊	德二位　良起居注　才國祭酒　柔大考　功詹左贊	德詹右允才詹洗馬　良學政　柔京察　功詹府右庶　贓詹右贊	良大考詹右允才詹洗馬　紅二對國祭酒　德國業功詹府右庶　贓禮主	良大考　德詹右允　紅二對國祭酒　柔京察　功行才　贓禮主	柔閣中一位　才二德二位二才三甲一位　良禮主	德國籍　才一位　柔不行　功加級　贓常樂	德紀錄　才一位　柔不行　功加級　贓都兵目	德部務　才一位　柔不行　贓下一　功鑾經	德國監丞　才常簿　柔繁縣	凡遇穿花作一才	德行二德才行二才功行二功　柔禮主　贓休致
											良詹錄			良行功　柔回任	德行二德才行二才功行　柔回任　贓休致
														德會同考柔禮主　贓休致	良會同考　柔禮主　贓休致

心一堂，中國香港九龍西洋菜南街5號1003室，sunyatabook@gmail.com　+852-6715-0840

《潘氏重訂清代陞官圖》隨書奉送（ISBN: 978-988-8317-35-6）

辰部：京官第三圖

吏部

位階	官職	內容
從一	尚書	漢尚書非翰林德賀不得協辦／非進士過考差作京察六部同／非舉人御史作繁府六部同／二德大學士／德閣協辦／賀／功掌院　良南書房　才經略
正二	左侍郎	柔予告　功河督　德戶尚／功總督　功左都　良上書房／才經　良經筵
正二	右侍郎	德閣讀學　才御史／繁府／柔一位　才吏右　職革留／才總督　功左都　良上書房／紅二對二位　德兵尚　才繁府　職下一／紅二對一位
正五	郎中	德御史／繁府／柔會同考／京察　寶泉／功一位　才直州　才繁府　職下一
從五	員外郎	柔會同考／京察／功一位　良戶倉督　職下一
正六	主事	柔鄉同考／京察／德一位　才直州／功工寶源　良戶倉督　職下一
—	候選知縣	德繁縣　才簡府／柔簡縣　才布庫　功直州同　職停一
—	大挑舉人	良簡府　柔回任／良閣中　才檢討　功一位　職翰待詔
京察 京官京察	五品以上 編修檢討	德鹽道　才分巡道　功繁府／良簡府　柔回任　職休致
	六品以下	德直州　才府同知　功加級／良紀錄　柔回任　職休致

戶部

位階	官職	內容
從一	尚書	尚侍左都穿花軍機／郎中員外主事中書穿花軍機／才員外舉人過軍機改軍功／二德大學士／德閣協辦／賀／漢員非舉人過軍機改軍功
正二	左侍郎	柔會總裁／留任／才功吏尚　良經筵／德閣協辦／賀
正二	右侍郎	德閣讀學　才御史／繁府／柔一位　才吏右　職革留／才總督　功漕督／柔會繁府／京察　良寶泉／德一位　職下一
從五	郎中	德閣讀學　才御史／京寶泉／柔會同考／京察　才簡府／功繁府／京察　良寶泉　職下一
正五	員外郎	德御史／繁府／柔會同考／京察　良寶泉／功一位　才直州　才繁府　職下一
正七	主事	德御史／繁府／柔鄉同考／京察　良寶泉／功一位　才直州　才簡府／寶泉局坐糧　職常博　職罰回
—	寶泉局監督	
正七	司庫	支公注五籌／德二位　才都經／良府通判　才漕督　功都經／柔行德　穿花才行功　職罰各司務
—	倉場	德戶尚　才漕督　功左都／良上書房　才總督／柔留任　職革留
正二	總督倉場戶部右侍郎	支公注五籌／德上書房　才都督／良紀錄　才藩員／柔行德功／功行才　良柔行功　職罰
—	坐糧廳／各戶倉督	功行才／德內員　才蕃員／良紀錄　才京察／柔京察　職七品帖／功僕員　職七品帖
—	鑾儀衛	
正六	主事	德內員　才藩員／良紀錄　才京察／柔京察　功七品正／職光署正
從七	經歷	德兵員　才同知／良紀錄　柔留任　功光署正／職常協

禮部 ／ 樂部

位階	官職	內容
從一	尚書	二德大學士／才吏尚／德閣協辦／賀／柔會總裁／留任／功樂部　職革留　良經筵
正二	左侍郎	德一位　才左都　功樂部　職革留／良知貢　才吏右／京察／柔鄉同考／京察　柔禮鑄印／德閣讀學　才御史／繁府　職下一
正二	右侍郎	德一位　才吏尚／柔會總裁／留任／良知貢　才左都　功樂部／德閣讀學　才御史／繁府　職下一
從五	郎中	德閣讀學　才御史／京察／柔會同考／京察　良禮鑄印／功一位　才直州　才簡府　職下一
正五	員外郎	德御史／繁府／柔會同考／京察　良禮鑄印／功一位　才直州　才府校　職下一
正六	主事	德御史／繁府／柔鄉同考／京察　良禮部鑄印／支公注五籌／職常博　職罰回
—	鑄印局監督	支公注五籌／德刑獄　才司匠　才直照／良兵目　柔府校／功府校　功京崇副　職歸田／職罰回
未入	大使	德常協　功禮鑄印／良司匠　才府校／支公注五籌　穿花才行德／良柔行功　職常博　職罰回
未入	儒士	德一位　才直照　功理丞／良府校　柔留任／功理丞／穿花才行德／職京崇副　職罰田
—	提督館事兼會同四譯館／鴻臚寺少卿	良兵目　柔鴻簿／才鴻簿／德常協　功行德　才行德功／穿花才行德功／職鹽知　職罰回
正九	大使	德鴻簿／良紀錄　才一位／德常協　功行德／才行德功／穿花才行德功／職鹽知　職罰回
從九	序班	德鴻簿／才詹錄／良紀錄　才不行／支公注十籌　穿花柔不行／功鹽知／功加級／職翰孔目
—	樂部 典樂大臣	功行德　才行才／德行德才／良柔行才／支公注十籌　穿花仍作軍機／功行才／職回任

心一堂・中國香港九龍西洋菜南街5號1003室，sunyatabook@gmail.com　+852-6715-0840

巳部：京官第四圖

各部院

大學士管部	額外主事 六正	小京官 七品	筆帖式 七品	筆帖式 八品	筆帖式 九品	各部司務 八正
支公注廿籌 德超品賀 功支公注五籌	德戶主 良工主 柔不行 贓刑主 功工中 贓中中	德吏主 良宗經 柔藩主 穿花僕士 贓光簿 贓下一	德內主 良詹右 才通判 功鴻簿 德光簿 良常讀	紅二對吏主 良國助教 功鴻簿 良常讀	紅二對吏主 才工主 功都都	德刑尚 良紀錄 柔留任

兵部

尚書 從一	左侍郎 正二	右侍郎 正二	郎中 正五	員外郎 從五	主事 正六	馬館監督
二德大學士 德閣協辦/賀 才總督 留任 柔禮右 功左都 贓革留	德一位 才會總裁/留任 良南書房 柔禮右 功左都 贓革留	德上書房 才御史 柔一位 功左都 贓革留	德閣讀學 才繁府/良馬館 贓下一	德繁府同考/京察 柔鄉同考/京察 贓常博	柔公注五籌 德一位才直州功加級良馬館	支公注五籌 穿花才行德 良柔行功德 贓罰回

刑部

尚書 從一	左侍郎 正二	右侍郎 正二	郎中 正五	員外郎 從五	主事 正六	提牢廳	司獄 從九
二德大學士 德閣協辦/賀 才吏尚 功戶尚 柔兵尚 贓革留 良經筵	德一位 才總督 功左都 柔兵右 贓革留 良南書房	德二位 才河督 功左都 柔兵右 贓革留 良上書房	德閣讀學 才河督 良簡府同考/京察 柔鄉同考/京察 贓下一	德一位 才直州 功加級 良會同考/京察 柔鄉同考/京察 贓下一	德御史 才提牢廳 良提牢廳 贓理評	支公注五籌 穿花才行德 功行才 德行德 贓罰回	德縣丞 才府知 功縣主簿 良紀錄 柔留任 贓都兵目

軍功

一品	二品	三至五品	六品以下
一二品支公注十籌過贓不行 三品以下支公注五籌	德正一品賀 才子爵 功經略 穿花伯爵 良柔議敘	德從一品賀 才男爵 功珍賞 穿花子爵 良柔議敘	德世爵 才世襲 功保陞 贓不行
	穿花德花翎 才世襲 功保陞 良柔議敘	才加銜 功議敘 贓不行	穿花世襲 德內記名 才保陞 良柔議敘 贓不行
			功加銜 才保陞 贓不行

工部

尚書 從一	左侍郎 正二	右侍郎 正二	郎中 正五	員外郎 從五	主事 正六	寶源局監督	司匠 從九
二德大學士 德閣協辦/賀 才吏尚 功兵尚 柔刑尚 贓革留 良經筵	德一位 才河督 功左都 柔刑右 贓革留 良南書房	德二位 才河督 功左都 柔兵右 贓革留 良上書房	德御史 才簡府同考/京察 功直州功加級 良坐糧 柔鄉同考/京察 贓下一	德一位 才直州功加級 良坐糧 柔鄉同考/京察 贓下一	支公注五籌 穿花才行德 功行德 良會館使才國簿功翰簿 德通知 贓罰回	良會館使 柔鴻鳴 贓戶印使	德常協才國簿功翰簿 良坐糧才國簿功翰簿

理藩院

尚書 從一	左侍郎 正二	右侍郎 正二	郎中 正五	員外郎 從五	主事 正六
德閣協辦/賀 郎中員外主事穿花軍機 郎中員外穿花軍功 滿缺尚侍穿花軍功 良珍賞 柔留任	德一位 才戶左 功工掌院 良珍賞 柔留任	德二位 才僕少 功宗理 贓革留	德熱總 才內郎 功宗理 良內總管 贓下一位	德宗理 才內員 功一位 良戶坐糧 柔留任	德宗副理 才內員 功一位 良戶坐糧 柔留任 贓七品帖

心一堂·中國香港九龍西洋菜南街5號1003室，sunyatabook@gmail.com +852-6715-0840

午部：京官第五圖

都察院

都察院	左都御史（一從）	左副都御史（三正）	監察御史（五從）	經歷（六正）	都事（六正）	給事中（五正）	指揮（六正）	副指揮（七正）	吏目（入未）	通政使（三正・通政使司）	通政副使（四正）	參議（五正）	經歷（七正）	知事（七正）
都察通政諸寺卿少卿非進士 學差考差改留任 穿花軍機　德吏尚 功刑尚　良總督　柔經筵　贓革留	功吏右　才戶右　功巡撫　良經筵 德常少　才鴻卿　功京府丞　贓僕卿	柔鄉主考／留任	德都員　才不行 良都科給　柔留任 贓通知	德戶員　才兵員　功直省　贓通經 良紀錄　柔不行	良都科給　柔留任	六科給事中 德常少　才僕少　功京府丞　贓吏郎 良閣讀學　柔會同考	五城兵馬指揮司 德都同知　才府判　功鹽運　贓府經 良簡縣　柔州同	德一位　才府判　功鹽運　贓府經 良府照　柔州判 贓下一　主	良府照 德府知　才縣主簿　功刑獄 柔州目　贓歸田	德僕卿　才光卿　功都副都 良紀錄　柔鄉主考 贓光少	德一位　才刑右　功都副都 良紀錄　柔學政 贓光祿少	德常少　才鴻卿　功京府丞　贓鴻少 良閣讀學　柔留任	德戶員　才都經　功京察 良戶倉督　柔京察 贓常協	德戶主　才都經　功京察 良戶倉督　柔京察 贓詹簿

大理寺・太常寺

大理寺	少卿（三正）	左寺丞（四正）	右寺丞（六正）	左評事（七正）	右評事（七正）	太常寺	少卿（三正）	寺丞（七正）	博士（七正）	典簿（七正）	贊禮郎（七正）／讀祝官	協律郎（八正）	學習贊禮郎（九正）／學習讀祝官	司樂（九正）
德兵右　才工右　功都副都 良紀錄　柔學政 贓光卿	德僕卿　才光卿　功光卿 良紀錄　柔鄉主考少 贓光署正	德禮主　才常丞　功知州 良知州　柔京察 贓知州	德鴻少　才吏員　功府同知 良紀錄　柔京察 贓部司務	德禮主　才常丞　功知州 良倉監　柔京察 贓知州	良倉監	—	德宗丞　才理少　功加級 良紀錄　柔主考 贓通副正	德通副　才通使　功理正 良紀錄　柔加級 贓通副	德兵員　才工員　功直廳同 良紀錄　柔留任 贓戶司庫	德兵主　才都都　功京判 良倉主　柔京察 贓光簿	德刑主　才都都　功府通判 良倉主　柔京察 贓不行	德通經　才二位　功中中 良光署丞　柔京察 贓會館使	德光署丞　才光簿　功加級 二德五位　紅二對四位 紅二對二位　柔不行 贓會館使

太僕寺・光祿寺

太僕寺	少卿（三從）	員外郎（四正）	主事（五從）	主簿（六正）	光祿寺（三從）	少卿（五正）	署正（六從）	署丞（七從）	典簿（七從）
德宗丞　才通使　功理卿 良京府尹　柔常卿 贓理少	德通副　才理少　功加級 良紀錄　柔主考 贓通參	德內郎　才京察　功加級 良紀錄　柔留任 贓一位	德藩主　才藩員　功一位 良內員　柔留任 贓下一	德藩主　才鑾主　功工丞 良紀錄　柔京察 贓理少	德宗丞　才通使　功理卿 良京府尹　柔常卿 贓理少	德閣讀學　才通參　功加級 良府丞　柔常卿 贓常少	德府同知　才通丞　功工主 良常丞　柔鑾主 贓僕主	德藩主　才鑾主　功九品帖 良紀錄　柔留任 贓博	德二位　才府通判　功常帖 良戶司庫　柔詹簿 贓鴻簿

武英殿大學士一等誠謀英勇公阿桂

心一堂，中國香港九龍西洋菜南街5號1003室，sunyatabook@gmail.com　+852-6715-0840

《潘氏重訂清代陞官圖》隨書奉送（ISBN: 978-988-8317-35-6）

未部：京官第六圖

鴻臚寺

正四 卿	從五 少卿	正五 主簿	從五 鳴贊	從九 序班	內務府	正二 總管大臣	正五 郎中	正六 員外	正六 主事	織造監督	關稅監督	正三 圍場總管	正四 熱河總管
德通副 才理少 功加級 良紀錄 才通參 功光少 贓通參	德閣讀學 才學政 良紀錄 柔會政 贓通參	德戶司庫 才詹簿 良紀錄 柔常考 贓理丞 功縣丞	德州判 才府經 良紀錄 柔留任 功縣丞 贓下一	滿缺 良紀錄 柔會序班 贓翰目		德藩左 才藩右 良禮樂部 功黃馬褂 贓不行	德熱總 才常少 良禮督 柔織造 功御史 贓下一	德光少 才一位 良關督 柔織造 功藩郎 贓宗經	德宗副 才一位 良關督 柔織造 功詹右允 贓七品帖	支公注十籌 德行德功 才良柔行功 穿花才行才功 贓回	德關督 柔關督 功才 良柔行功 贓回	德內總管 功黃馬褂 良紀錄 柔留任 才京府尹 贓熱河總管	德才圍場總管 柔留任 功黃馬褂 熱河行宮 良紀錄 柔留任 功黃馬褂 贓內郎

太醫院

正五 欽天監	正五 監正	從六 監副	正六 時憲科	從六 漏刻科	從七 天文科 五官靈臺郎	正八 五官正	從八 五官司書	正九 五官監候	正九 五官博士	正九 時憲科博士	從九 刻漏科司晨	太醫院	正五 院使	正六 左院判 右院判	正七 御醫	正八 吏目	正九 吏目	正九 醫士
監正不得封典正二品賀終 凡遇穿花作一才不論軍功	德升二級 才升一級 功紀錄 良柔不行 贓退一級／下一	德禮員 才工員 良柔不行 贓下一	德兵員 才工員 良柔不行 功一位 贓下一	紅二對監副 德三位 功一位良紀錄柔留任贓下二	良紀錄 德二位 才二位 柔留任 功一位 贓下二	良紀錄 德二位 才三位 柔留任 功一位 贓下二	德靈臺郎 良紀錄 柔留任 才主簿 功靈壺正 贓下一	德靈臺郎 良紀錄 柔留任 才一位 功加級 贓下一	德靈臺郎 良紀錄 柔留任 才一位 功加級 贓下一	時憲科博士 德靈臺郎 良紀錄 柔留任 才一位 功加級	良柔不行 德靈臺郎 才一位 贓出身天文生	院使不得封典正二品賀終 凡遇穿花作一才不論軍功	德升一級 才升一級 功紀錄 良柔不行 贓出身天文生／下一	德一位 才支公五籌 良紀錄 柔留任 功加級 贓下一	德一位 才支公五籌 良紀錄 柔留任 功加級 贓下一	德一位 才支公五籌 良紀錄 柔留任 功加級 贓下一	德一位 才支公五籌 良紀錄 柔留任 功加級 贓下一	德才不行 良柔不行 功良柔不行 贓出身醫士

國子監

從四 祭酒	正六 司業	正七 監丞	從七 博士	從七 助教	正八 學正	正八 學錄	從八 典簿	從九 典籍	官學教習	優貢生	恩貢生	拔貢生	歲貢生
凡貢生紅二對詞科穿花召試 紅二對閣學 德詹事 才少詹 功經筵良主考學政贓詹馬	德翰讀 才翰考 良學政 功詹洗馬 柔大考 贓翰馬	德宗學 才戶主 良學政 柔京察 功光署正 贓翰檢討	德吏主 才禮主 良倉監 柔京察 功都察 贓下三	德兵主 才工主 良倉監 柔留任 功都察 贓翰教授	德鑾經 才詹簿 良部務 柔留任 功司務 贓學訓導	德常博 才理評 良常博 柔留任 功各司 贓學訓導	德常博 才詹協 良鑾經 柔留任 功二位 贓學訓導	德詹簿 才常協 良紀錄 柔會館使 功翰簿 贓翰目	德才吏候選知縣 功學教諭 良柔贓不行 穿花閣中	德解元 良學訓導 功學教諭 才經魁 柔膳錄 贓學訓導	德副榜元 良學榜人 才經魁 柔膳錄 功舉人 贓學訓導	德經魁 良學訓導 德七品京官才舉人功直州判 才舉人 柔膳錄 贓縣簿	德經簿 良縣丞 才舉人 柔膳錄 功吏選縣 贓州目

心一堂・中國香港九龍西洋菜南街5號1003室, sunyatabook@gmail.com　+852-6715-0840

《潘氏重訂清代陞官圖》隨書奉送（ISBN: 978-988-8317-35-6）

申部：外官第一圖

第一層（自右至左）

品級	官名	註文
—	督院	漢員非翰林總督過德大賀　總河漕督二德准陞
一從	總督	二德大學士　德閣協辦／賀　才經略　功吏尚　賍革留
一從	巡捕	德行德功　柔予告　功行才　良黃馬褂　穿花才行才功　賍罰回
—	河院	河督漕督巡撫穿花軍功　河道二德河督軍功不准陞
一從	河道總督	二德閣協辦　德戶尚　才總督　功支五籌　賍革留
四正	河工道	紅二對一位德準穿花軍功　功加級良紀錄柔府任賍革留
四正	河道	功加級良紀錄柔府任才鹽運使　賍運判
五正	同知	德知理　才知州　功鹽運判　賍運判
六正	通判	德一位　良布經　才兵揮　功鹽運同　賍運判
六從	州同	德京判　良知州　才兵揮　功鹽提舉　賍按經
七從	州判	德鹽經　良府經　才兵揮　功鹽經　賍下一
八正	縣丞	德布經　良鹽經　才府大使　賍下一
九正	主簿	德州目　良縣庫　才直照　功按知　賍下一
九從	巡檢	德一位　良州目　才留任　功按校　賍下一
八未	閘官	糧道典史　良道庫　才府大使　功直獄　賍歸田
—	漕院	糧道二德漕督軍功不准陞
一從	漕運總督	二德閣協辦　才總督　功支五籌　賍革留
四正	督糧道	糧道二德協辦　德黃馬褂　才常少　功僕少　賍府同知

第二層（自右至左）

品級	官名	註文
—	撫院	德總督　才河督　功黃馬褂　賍罰回
二正	巡撫	德鄉監臨　才河督　功河同知　穿花才行才功　良柔行功　賍革留
二從	巡捕	德行德功　良柔行功　功行才
—	承宣布政使司	
二從	布政使	德巡撫　良巡撫　才常卿　功僕卿　賍革留
六從	經歷	德知州　良光署正　才都通判　功府通判　賍通經
六從	理問	德知州　良紀錄　才府通判　功府通判　賍通經
七正	都事	德二位　良州同　才都兵揮　賍按知
八正	庫大使	德簡縣　良直判　才按經　功鹽經
八從	照磨	德二位　良州同　才簡縣　功直判　賍按照
—	提刑按察使司	
三正	按察使	德布政　才通副　功理少　賍布經
七正	經歷	德府通判　良鹽運判　才繁縣　功加級　賍下一
八正	知事	德簡縣　良紀錄　才直判　賍下一
九正	照磨	德一位　良州照　才府經　功縣丞　賍下一
九從	司獄	德府知　良紀錄　才縣主簿　賍道倉

第三層（自右至左）

品級	官名	註文
—	都轉鹽運使司	
三從	鹽運使	德通副　良紀錄　才繁府　功府同知　賍革留
四從	運同	德繁府　良紀錄　才簡府　功府同知　賍革留
五從	運副	德一位　良紀錄　才京治中　功河同知　賍革留
五從	提舉	德二位　良紀錄　才光署正　功都兵揮　賍下一
六從	運判	德河通判　良河州判　才京同知　功府同知　賍下一
七從	經歷	德繁縣　良河通判　才布經　功按理　賍下一
八正	大使	德簡縣　良直州同　才河州判　功布理　賍下一
八從	知事	德布都　良繁縣　才府經　功按經　賍河主簿
—	各道	
四正	鹽法道	德按察　良紀錄　才鴻卿　功府同知　賍府同知
四正	分守道	德按察　良紀錄　才僕少　功府同知　賍府同知
四正	分巡道	德府知　良京照　才按照　功縣主簿　賍河閘官
九從	庫大使	德京照　良府照　才布照　功府同知　賍府檢校
八未	倉官	德州目　良縣簿　才布照　功府同知　賍罰五籌

心一堂，中國香港九龍西洋菜南街5號1003室，sunyatabook@gmail.com　+852-6715-0840

《潘氏重訂清代陞官圖》隨書奉送（ISBN: 978-988-8317-35-6）

西部：外官第二圖

京府

鄉	品級	官職	內容
京府			北京順天府、盛京奉天府
	正三	尹	德巡撫／才宗丞／良理卿／柔鄉監臨／功通使／贓革留
	正四	丞	德通副／才理少／良鄉監臨／柔京員／功加級／贓通參
	正五	治中	德禮員／才二位／良繁府／柔留任／功府同知／功下二／贓運同
	正五	四路廳同知	德通同／才戶員／良繁縣／柔一位／功府同知／功下一／贓運同
	正六	通判	德紀員／才紀錄／良繁府／柔京察／功府同知／贓按經
	從七	經歷	德目／才府丞／良繁縣／柔紀錄／功布知／贓按照
	從九	照磨	德按照／才縣丞／良直按／柔紀錄／功布照／贓歸田
	未入	崇文門副使	良柔州大使／贓歸田
學院		提督學政	生員紅二對解元穿花召試／功行才良柔行功／贓倍罰回
	正七	教授	德行德功／穿花才行才功／生員丞／才繁縣／功國博／贓休致
	正八	學正	德國學錄／才一位／柔詹錄／功國正／贓休致
	從八	教諭	德國學錄／才二位／柔翰待詔／功國正／贓休致
	正八	訓導	德簡縣／才府經／良國學錄／功國簿／贓休致
		廩食生員	德國優貢／才經魁／良國歲貢／才舉人／功舉人／功國歲貢／贓膳錄
		增廣生員	德解元／才經元／良經魁榜／柔國歲貢／才一位／功國歲貢／贓膳錄

府

品級	官職	內容
	府	知府非進士考差改大計
從四	繁府知府	德鹽運使／才河道／良紀錄／柔鄉同考／功守道／贓下二
從四	簡府知府	德鹽運使／才糧道／良紀錄／柔鄉同考／功巡道／贓下一
正五	同知	紅二對鹽運道／才知州／良紀錄／柔鄉同考／功巡道／贓下一
正六	通判	德京員／才知州／良京判／柔知州／功都兵副／贓京經
正八	經歷	德州判／才知州／良繁縣／柔督巡／功京經／贓道大使
正九	知事	德一位／才縣主簿／良一位／柔按經／功都兵副／贓下一
從九	司獄	德督巡／才縣主簿／良一位／柔督巡／功京照／贓下二
未入	照磨	德按知／才縣主簿／良撫巡／柔縣主簿／功京照／贓縣典史
未入	大使	德三位／才二位／良督巡／柔大計／功州目／贓歸田
正九	檢校	德縣簿／才京使／良督巡／柔州使／功中州／贓歸田
正五	直隸州	知州非進士考差改大計
正五	知州	德繁府／才鹽運同／良紀錄／柔鄉同考／功府通判／贓歸田
從六	州同	德工主／才京判／良鑾經／柔大計／功府中／贓府通判
從七	州判	德工簿／才簡縣／良都兵副／柔大計／功一位／贓布庫
從九	吏目	德府知／才簡簿／良府巡／柔大計／功直獄／贓縣倉

直隸廳

品級	官職	內容
從五	直隸廳	
正五	同知	德簡府／才鹽運同／良紀錄／柔大計／功刑員／贓府通判
正八	經歷	德簡府／才按經／良簡縣／柔縣簿／功府照／贓府經
從九	司獄	德府／才督巡／良簡縣／柔縣簿／功府照／贓府照
從九	照磨	德縣丞／才按照／良撫巡／柔大計／功府照／贓府大使
從五	州（知州）	知州非進士考差改大計
從六	知同	德府／才京治中／良都兵副／柔光署正／功都兵揮／贓下一
從七	州判	德府知／才簡縣／良都兵副／柔大計／功府獄／贓布照
從九	吏目	德光簿／才府照／良撫巡／柔大計／功直獄／贓罰五籌
未入	大使	德縣主簿／才府照／良一位／柔大計／功縣巡檢／贓歸田
未入	倉官	德府獄／才二位／良縣典史／柔一位／功縣巡／贓歸田

作者：潘國森
香港作家協會副會長
香港潘氏宗親會永遠名譽會長
中華非物質文化遺產研究會副會長

心一堂，中國香港九龍西洋菜南街5號1003室，sunyatabook@gmail.com +852-6715-0840

戌部：外官第三圖

文化‧傳承
中華非物質文化遺產叢書
sunyatā

縣

縣	六正 京縣知縣	七正 繁縣知縣	七正 簡縣知縣	八正 縣丞	九正 主簿	九從 巡檢	入未 典史	入未 稅課司大使	入未 驛丞	入未 倉官
繁簡縣遇京縣不用見面禮 知縣非進士同考作大計 知縣非舉人御史作繁府	紅二對御史／繁府 才京同知 功吏主 良京通判 德直州 二德御史／繁府 才府通判 功戶主 良一位 贓直州	柔鄉同考／大計 才府同知 功戶主 良一位 德直州同 二德御史／簡府 才府通判 德直廳同 贓下二	柔鄉同考 才京 良京 贓下一 二德御史 才都兵副 德一位 贓下一	德二位 才一位 功府照 贓下一 二德簡縣 德二位 贓州照	良州判 才大計 贓下一 才京照 功直目 贓下一	德一位 才直目 功一位 德督巡 柔大計 贓下一	良撫巡 柔大計 贓州倉 二德簡縣 德二位 良撫巡柔大計贓州倉	德州獄 才直目 功二位 功一位良撫巡	良道使 才州目 功三位 德府大使 柔道倉 贓歸田	良道倉 才州目 功三位 德四位 才州目 柔州大使 贓歸田

保和殿大學士一等忠勇公傅恆

大計	大計	卓異	內記名	保陞	加銜	議敘	加級	紀錄	予告
凡遇穿花作一才	德內記名 才卓異 功加級 良記錄 柔回任 贓休致	德行德功 才卓異 功加級 良行德才 柔行德才 贓銷去	德行二德 才行一德 功行一功 良行德功 贓不行	德行二德 才行二德一功 功行二德 良行德才 贓不行	柔行德才 功行德功 良行德 贓不行	德行二德 才行德才 功行德功 良柔行德 贓不行	德行德功 才行德 功行才 贓回	良柔行功 才行德 功行才 贓休致	穿花德復任 才功良加一級各贈十籌榮歸 柔贓休致

處分	休致	革留	交部	軍臺	歸田
一二品全色照封爵銷去處分 三品以下全色照行 穿花軍功抵銷處分復任 贓原品休致 捐復亦准	德恩復 才功罰俸復任 良柔不行 贓下一	德復任 才罰俸 柔不行 功捐復 贓下一	德復任 才一位 良柔不行 功贖罪復任 贓下一	功良贖罪復任 加倍贖罪准復任 贓出局 德贖罪復任 才罰俸 柔不行	柔不行 德復任 才罰俸 功捐復 加倍贖罪准復任

罰俸二品以上十五籌 三至五品十籌 六品以下五籌
捐復雙倍罰俸 贖罪三倍罰俸 局終革留者須捐復，出局者作未入流
贖罪者須加倍贖罪，否則作出局論，軍臺者須加倍贖罪，交部者須贖罪，不得分公注。

正黃旗

一品文官補服
仙鶴圖案